Gustav Krüger

DIE ENERGIEWENDE

Wunsch und Wirklichkeit

Hab nur den Mut
die Meinung frei zu sagen
und ungestört.
Es wird den Zweifel in die Seele tragen
dem, der es hört.
Und mit der Lust des Zweifels flieht der Wahn.
Du glaubst nicht,
was ein Wort oft wirken kann.

Johann Wolfgang von Goethe

Gustav Krüger

DIE ENERGIEWENDE

Wunsch und Wirklichkeit

3. Auflage 2013
© 2011 Gustav Krüger

Herstellung und Verlag:
Books on Demand GmbH, Norderstedt

Layout und Satz: Edith Krüger

ISBN 978-3-8448-0245-0

www.buch-krueger.de

Inhalt

Vorwort

Mit dem Schlagwort „Energiewende" wird die Vorstellung verbunden, dass die bisher durch konventionelle thermische Kraftwerke und Kernreaktoren erzeugte elektrische Energie leicht durch Nutzung der erneuerbaren Energien ersetzt werden kann. Diese stehen unbegrenzt und kostenlos zur Verfügung - und ohne Gefahrenpotential wie die Kernkraft. Die Frage, ob sie ausreichen, die bestehenden Kraftwerke zu ersetzen, ob die Nutzung überhaupt realisierbar ist und was sie kostet, wird erst gar nicht gestellt. Sie muss aber gestellt werden. Die in diesem Buch in die Wege geleitete Antwort lautet: Die Energiewende ist weder machbar noch bezahlbar. Je eher sich diese Erkenntnis durchsetzt, umso besser ist es für die Zukunft der Wirtschaft in Deutschland.

Gustav Krüger, Oktober 2011

1

Weshalb Energiewende?

Energie ist unerlässlich für das menschliche Leben auf der Erde. Seit der Industrialisierung werden große Mengen von Energie umgesetzt, die durch fossile Energieträger erzeugt werden. Diese stehen nicht unbegrenzt zur Verfügung. Die Abgase der thermischen Kraftwerke enthalten Kohlendioxid, das als klimaschädlich eingestuft wird. Kernenergie ist zu riskant wegen der möglichen Strahlenschäden und der ungeklärten Lagerung des radioaktiven Abfalls. Es sollte deshalb eine Wende hin zu den erneuerbaren Energien geben.

1.1.   Endlichkeit fossiler Energieträger

War es in Urzeiten das Feuer zum Wärmen im Winter und zum Zubereiten der Speisen, so folgten später die Windkraft und die Wasserkraft zum Antrieb von Mühlen sowie die Kraft der Zugtiere, wo die Muskelkraft der Menschen nicht mehr ausreichte. Das ging über Jahrtausende gut. Erst zu Beginn der Industrialisierung im 19. Jahrhundert folgte die Nutzung der Kohle, anfangs nur in Dampfmaschinen, dann auch zur Erzeugung von Leuchtgas. Es folgten die Energieträger Erdöl und Erdgas und zuletzt die Nutzung der Kernkraft. Plötzlich wurde man sich bewusst, dass die Vorräte an fossilen Energieträgern endlich sind. Wie bei jeder Mangelware stiegen die Preise. Es bot sich ein weites Feld von Spekulationen.

Realistisch betrachtet gibt es Erdöl und Erdgas für Jahrhunderte. Allerdings wird die Förderung wegen der Lagerstätten unter dem Meeresboden technisch aufwendig und teuer. Kohle gibt es noch für 1.000 Jahre. In Australien liegt sie an der Erdoberfläche, auch stellenweise in Sibirien, wo allerdings der Abbau wegen des Permafrostbodens auf Schwierigkeiten stößt.

1.2. Risiko der Kernkraft

Der Vorrat an radioaktiven Elementen, die für die Kernkraft genutzt werden können, ist noch nicht abschätzbar - er ist riesig und reicht für lange Zeit. Das hängt auch damit zusammen, dass man bei neuen Kraftwerkstypen mit einem Bruchteil der Menge auskommt, die für die jetzt betriebenen Kraftwerke benötigt wird.

Die Kernkraft allerdings ist nicht ohne Risiko. Ist sie lebensbedrohend? Ist das Risiko beherrschbar? Darüber muss, ohne voreingenommen zu sein, mit Vernunft und Sachverstand gesprochen werden können. Das große Problem ist, dass das gegenwärtig schwierig ist. Aber keiner ist so taub wie der, der nicht hören will.

Die heute in Betrieb befindlichen Kernkraftwerke nutzen die sogenannte Bindungsenergie der Atomkerne zur Erzeugung von Wärme. Das Wort „Atom" kommt aus dem Griechischen und bedeutet „unteilbar". Das schließt aber nicht aus, dass es eine Atomzertrümmerung gibt. Die Trümmer sind aber keine Atome mehr, sondern sie sind die Kernbausteine. Es ist vergleichbar mit einem Haus, das man zer-

8

trümmert. Dann ist es kein Haus mehr, sondern ein Haufen Ziegelsteine. Der Mörtel, also das Bindemittel, wird dann nicht mehr gebraucht und frei. Und wie man aus Ziegelsteinen wieder ein neues Haus bauen kann, so entstehen aus den Kernbausteinen des Atomkerns wieder neue Atome. Sie bilden Elemente, die es in der Natur z. T. gar nicht gibt. Die neu entstandenen Atome haben meist die Eigenschaft, dass sie wieder zerfallen und dabei radioaktive Strahlen aussenden. Schließlich bleiben Elemente übrig, die man nicht mehr nutzen kann, und die deshalb endgelagert werden müssen. Das alles ist bei der Nutzung der Kernkraft zur Stromerzeugung zu berücksichtigen. Man muss sich daher kurz mit der Naturerscheinung der Radioaktivität beschäftigen.

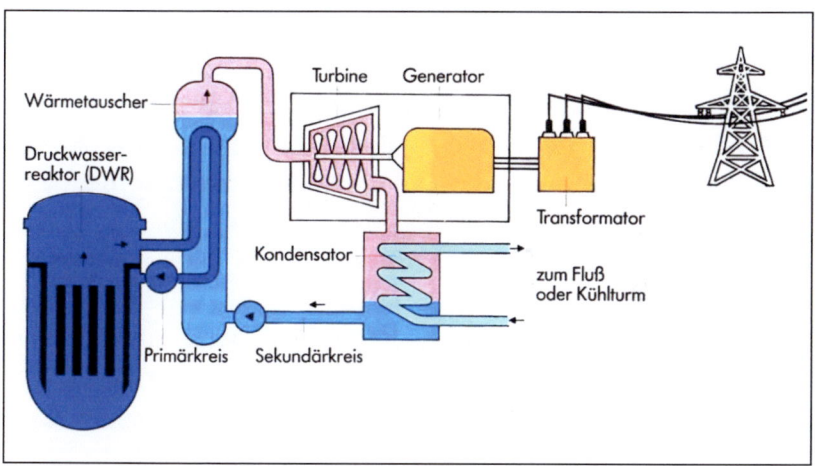

Abb. 1: Funktionsprinzip des Druckwasserreaktors
Charakteristisch für ein Kernkraftwerk mit Druckwasserreaktor sind die beiden Kreislaufsysteme: Die im Reaktor erzeugte Wärme wird vom Primärkreislauf über den Dampferzeuger in den Dampf-Wasser-Kreislauf (Sekundärkreislauf) überführt.

Radioaktive Strahlung ist den Menschen unheimlich. Man spürt sie nicht, der Mensch hat kein Organ dafür. Sie ist unsichtbar, man fühlt sie nicht. Der Angstmacherei sind Tür und Tor geöffnet. Es ist hier nicht der Ort, um Eigenschaften und Wirkungen der verschiedenen Strahlenarten in allen Einzelheiten darzulegen. Nur so viel sei gesagt: Wir sind täglich einer natürlichen Strahlung ausgesetzt, von der wir nichts merken. Sie schadet uns auch nicht.

Die natürliche Strahlung kommt zum Teil aus dem Weltraum, die sogenannte Ultrastrahlung oder Höhenstrahlung. Sie dringt durch unseren Körper so wie Licht durch Glas. Wenn sie einmal in seltenen Fällen einen Zellkern trifft und schädigt, dann ist unser Körper in der Lage, den Schaden zu beheben. Je weiter man in die Höhe steigt, umso stärker ist die Höhenstrahlung. Niemand wird aus diesem Grund auf eine Flugreise verzichten, und Piloten leben deswegen keinesfalls gefährlich. Die Ultrastrahlung ist in gewissem Sinn der Röntgenstrahlung ähnlich. Röntgenstrahlung kann um ein Vielfaches stärker sein. Aber auch hier gilt: Es kommt auf die Dosis an. Der Therapieeffekt der Röntgenstrahlung liegt gerade darin, dass krankes, z. B. krebsartiges Gewebe stärker geschädigt und damit abgetötet wird als gesundes Gewebe. Seit Generationen ist die Heilwirkung des radioaktiven Gases Radon bekannt, das im Stollen von Bad Gastein gerade in der richtigen Konzentration vorhanden ist und den gesunden Körperzellen nicht schadet, aber die kranken zerstört.

Das Radon und andere radioaktive Elemente sind die Ursache für eine Strahlung aus dem Erdboden, die auch ständig unseren Körper durchdringt. Diese Strahlung ist sehr unterschiedlich in den einzelnen Gegenden Deutschlands. Im Flachland, besonders an der Küste, ist die Strahlung aus dem Erdboden gering, in den Mittelgebirgen stärker. Dort befinden sich in Erzlagern radioaktive Mineralien, die auch zum Teil Uran, Thorium oder Radium enthalten können. Radioaktive Strahlung geht auch von Schiefer oder von Granit aus.

Aber auch alle Pflanzen strahlen in geringem Umfang radioaktiv. Sie enthalten das radioaktive Isotop Kohlenstoff 14 (C_{14}), das durch die Höhenstrahlung ständig neu gebildet wird. Durch die Nahrung gelangt der radioaktive Kohlenstoff in unseren Körper. Jeder Mensch gibt daher selbst Strahlung ab, und zwar zwischen 4.000 und 6.000 Becquerel. Das Maß Becquerel, benannt nach dem französischen Physiker und Nobelpreisträger Antoine Becquerel, bedeutet 1 Zerfall, also 1 Strahl pro Sekunde. Es misst also die Intensität, die Stärke der Strahlung.

Außer C_{14} enthält der menschliche Körper noch radioaktives Kalium, Thallium, Jod und Strontium. Der Körper kann zwischen Kalzium und Strontium nicht unterscheiden und baut radioaktives Strontium in die Knochen ein. Je nach der Menge kann das zu Krebs führen. Es kommt bei der Schädigung auf die Menge, die Dosis der aufgenommenen Strahlung an. Das gebräuchliche Maß dafür ist das Millisievert (mS). Aus den Folgen der Atombombenabwürfe in Japan weiß man, dass 5 Sievert, also 5.000 mS, absolut tödlich wirken. Je nach der Konstitution des Körpers können schon 1.000 mS nach gewisser Zeit tödlich sein. Die Maßgröße Sievert berücksichtigt dabei die unterschiedliche Wirkung der einzelnen Strahlenarten. Der menschliche Körper hat kein Organ, mit dem radioaktive Strahlung empfunden werden könnte. Man sieht sie nicht, man fühlt sie nicht wie z. B. Lichtstrahlen oder Wärmestrahlen. Sie wird deshalb als etwas Unheimliches angesehen, etwas, das einem Angst machen kann. Man unterscheidet drei Strahlenarten, die mit Alpha, Beta und Gamma bezeichnet werden.

Die **Alpha-Strahlen** bestehen aus bestimmten Elementarteilchen der Atomkerne. Sie können durch ein Blatt Papier abgeschirmt werden. Wegen ihrer elektrischen Ladung sind sie gegenüber anderen Atomen aggressiv und können diese verändern. Sie können deshalb auch Zellen des menschlichen Körpers schädigen und sollten möglichst nicht in den menschlichen Körper gelangen, weder durch die Nahrung noch durch die Atmung.

Die **Beta-Strahlen** bestehen aus Elektronen, also aus den Teilchen, die den elektrischen Strom verursachen. Sie können recht unterschiedliche Energie haben. Die Reichweite in Luft liegt unter 10 cm. Zur Abschirmung würde ein Buch genügen.

Die dritte Art der radioaktiven Strahlung, die **Gamma-Strahlung**, ist äußerst energiereich und durchdringend. Sie hat Ähnlichkeit mit der Röntgenstrahlung und kann wie diese Schäden anrichten, wenn die Dosis zu hoch ist. Im Allgemeinen durchdringt sie den menschlichen Körper wie Licht das Glas. Nur wenn ein Atom einer Zelle getroffen wird, kann dies zu Schäden führen. Die Dosis ist auch hier maßgebend.

Zur Veranschaulichung hier einige Werte der durchschnittlichen Strahlenbelastung:

- Natürliche Strahlung aus dem Erdboden
  - an der Küste 1 mS/Jahr
  - im Schwarzwald 5 mS/Jahr
- Höhenstrahlung am Boden 0,3 mS/Jahr
- Umgebung eines Kernkraftwerkes 0,002 mS/Jahr
  (Die gleiche Belastung besteht bei einem Kohle-
  kraftwerk. In der Kohle ist zwar kein C_{14} mehr enthalten, es gibt aber eine Reihe von anderen Radio-
  nukleiden.)
- Ein Flug nach New York und zurück belastet mit
  0,06 mS zusätzlich.
- Eine Röntgenaufnahme bei den Zähnen 1 mS
- Röntgendiagnostik im Körper einige 10 mS

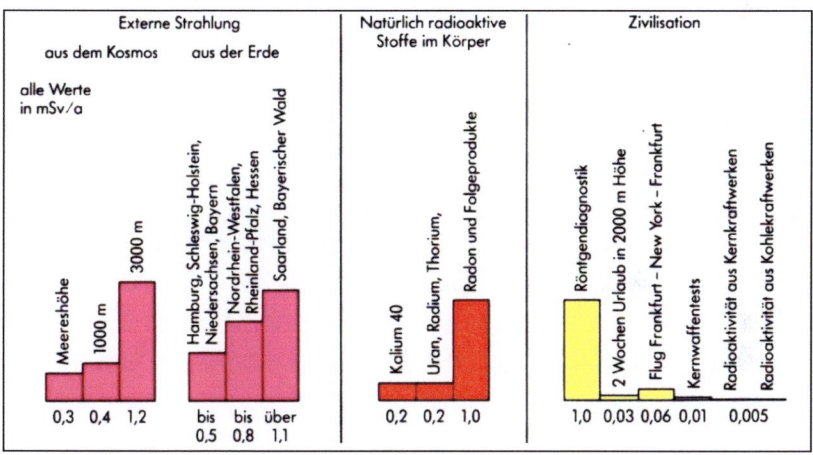

Abb. 2: Natürliche Strahlenbelastung
Die Menschheit lebt seit Urzeiten mit der Strahlung der Natur; die Zu-
satzbestrahlung durch Kernenergie-Anlagen ist in der Bundesrepublik
Deutschland nur ein Bruchteil dieses Wertes.

Die während des Berufslebens aufgenommene Strahlung sollte 400 mS nicht übersteigen; als jährliche Belastungsgrenze werden 50 mS genannt. Die Gefahren der radioaktiven Strahlung sind durch die Atombombenabwürfe drastisch vor Augen geführt worden.

Seit Menschengedenken ist es leider so, dass jeder Fortschritt in der Nutzung neuer naturgegebener Elemente zuerst missbraucht wurde. Als die Menschen lernten, das aus dem Erz gewonnene Eisen zu Stahl zu härten, wurden daraus Schwerter gefertigt. Erst viel später gab es den Pflug aus Eisen mit stählerner Pflugschar.

Zuerst gab es Atombomben. Dafür wurden alle Mittel der Forschung eingesetzt. Nach Jahren nahm das erste Kernkraftwerk seinen Betrieb auf. Das Unbehagen bleibt. Die Frage ist, ob das Risiko, das mit der Nutzung der Kernkraft verbunden ist, akzeptiert wird.

Risiko ist ein versicherungsmathematischer Begriff. Risiko ist das Produkt aus Gefährdungspotential und Eintrittswahrscheinlichkeit. Ein Beispiel dafür ist das Risiko im Straßenverkehr. Jährlich sterben auf den Straßen Deutschlands etwa 5.000 Menschen. Das Risiko wird beklagt, aber akzeptiert.

Wenn durch den Betrieb unserer Kernkraftwerke im Jahr nur ein Mensch sein Leben verlieren würde, hätte es schon längst den Ausstieg aus der Kernenergie gegeben. Es ist aber in den letzten zehn Jahren in Deutschland niemand zu Schaden gekommen.

Das Gefährdungspotential im Auto wird reduziert, indem man sich anschnallt und Airbags im Auto hat. Für Kinder gibt es spezielle Sitze. Die Eintrittswahrscheinlichkeit eines Unfalls wird reduziert, indem man vorsichtig fährt. Die Eintrittswahrscheinlichkeit 0 für einen Unfall gibt es dabei nicht.

Das Gefährdungspotential eines Kernkraftwerks liegt z. B. in der Menge des radioaktiven Kernbrennstoffs sowie in der Art der neu entstehenden Zerfallsprodukte. Die Eintrittswahrscheinlichkeit eines Unfalls wird reduziert durch eine mehrfach ausgelegte automatische Programmsteuerung, die fehlerhafte Eingriffe durch menschliches Versagen ausschließt. Damit auf keinen Fall radioaktive Substanzen in die Umgebung dringen, gibt es einen druckdicht abgeschlossenen Reaktorbehälter.

So hat das Kernkraftwerk Grohnde eine innere Sicherheitshülle aus 3 cm dickem hochfestem Stahl. Sie hält einem Überdruck von 5 bar stand. Die äußere Sicherheitshülle besteht aus Stahlbeton mit einer Dicke von 1,80 m. Sie ist dicker als die Betonwand der bombensicheren Bunker im 2. Weltkrieg. Ein Flugzeugabsturz kann die Hülle nicht durchschlagen. Im Gegensatz dazu hatte der Reaktor in Tschernobyl überhaupt keine Sicherheitshülle.

Bei einem Störfall, bei dem der Reaktor abgeschaltet werden muss, ist es wichtig, dass die Kühlung der immer noch aktiven Brennelemente gewährleistet ist. Auch hierfür gibt es eine mehrfache Sicherheit durch batteriebetriebene oder dieselbetriebene Pumpen. Die Batteriekapazität reicht für mindestens 25 Stunden, der Dieselvorrat für vier Tage. Das

Kühlwasser ist borhaltig, was die Leistung des Reaktors weiter reduziert. Sollte trotz allem die Kernschmelze mit den unvorstellbar hohen Temperaturen eintreten, so fließt die geschmolzene „Lava" in ein Auffangbecken aus hochtemperaturbeständiger Keramik, aber keinesfalls in die Umwelt.

Es gibt nichts, was man nicht noch verbessern kann. Das gilt auch für das Funktionsprinzip der Kernkraftwerke. Um das zu erreichen, darf man nicht die Kernforschung verbieten, wie das in Deutschland geschehen ist, sondern man muss sie intensivieren. Im Jahr 1956 wurde im Kernforschungszentrum Jülich ein neuer Reaktortyp entwickelt, der Thorium-Hochtemperaturreaktor. Die Brennelemente sind keine Stäbe, sondern Kugeln aus Keramik, in die der Kernbrennstoff eingebettet ist. Der Reaktor wird deshalb auch als Kugelbett- oder Kugelhaufenreaktor bezeichnet. Er hat zahlreiche Vorteile:

- Die befürchtete Kernschmelze kann nicht auftreten, weil die Kugeln aus keramischem Material bestehen.
- Der Reaktor ist inhärent sicher, er kann nicht außer Kontrolle geraten.
- Der Kernbrennstoff ist nicht Uran, sondern Thorium 232. Die Zerfallsreihe enthält kein Plutonium, sondern hauptsächlich Beta-Strahler mit kürzerer Halbwertzeit.
- Systembedingt arbeitet der Reaktor bei 950 °C. Der Brennstoff wird dabei 60mal so gut ausgenutzt wie bei den Uran-Reaktoren. Man braucht damit weniger Kernbrennstoff für die gleiche Elektrizitätsmenge.

16

- Die hohe Temperatur kann auch als Prozesswärme oder Heizwärme genutzt werden.
- Der Reaktor ist gasgekühlt mit dem Edelgas Helium. Es kann kein Kühlwasser verdampfen, und es gibt auch keine Knallgasexplosionen wie in Tschernobyl und in Fukushima.
- Es können auch kleinere Reaktoren dieses Typs gebaut werden.
- Die Strahlenbelastung des Personals beträgt nur 1/50 bis 1/100 im Vergleich zu anderen Kernkraftwerken.
- Nach dem Verbrauch des Kernbrennstoffs können die abgebrannten Kugeln ohne Wiederaufarbeitung endgelagert werden.

In Deutschland wurden zwei Reaktoren dieses Typs, ein Versuchsreaktor und ein Prototyp, durch Regierungsbeschluss abgeschaltet. Im Ausland wurden die Vorteile dieses Typs erkannt und genutzt. So sind diese Reaktoren in China und in Südafrika geplant bzw. im Bau. In USA werden sie weiterentwickelt.

Im Lauf der Nutzung der Kernenergie sind einige Störfälle aufgetreten, die von den Gegnern der Kernkraft immer wieder in der Argumentation herangezogen werden. Der erste bekannt gewordene Störfall betrifft den Reaktor TMI bei Harrisburg in den USA. Dort ist es offenbar zur befürchteten Kernschmelze der Brennstäbe gekommen. Die damals getroffenen Maßnahmen konnten zwar eine erhebliche Beschädigung des Reaktors nicht verhindern, aber es konnte erreicht werden, dass aus dem geschlossenen Sicherheitsbereich keine Radioaktivität in die Umwelt gelangte.

Von ganz anderer Art ist der Störfall, den es in der Reaktoranlage Hanford im Bundesstaat Washington, USA, gegeben hat. Die Anlage diente militärischen Zwecken, und zwar zur Gewinnung von Plutonium zur Herstellung von Atombomben. Wie bei allen militärischen Einrichtungen war dort alles streng geheim. Außer den Reaktoren befanden sich auf dem riesigen Gelände umfangreiche Chemiefabriken, um das Plutonium aus den abgebrannten Brennstäben zu gewinnen. Unterirdische Tanks mit einem Fassungsvermögen von 20.000 Kubikmetern dienten zur Aufnahme der anfallenden radioaktiven Säuren und Laugen. Es gab Wassertanks für die Reste der abgearbeiteten Brennstäbe. Nach einiger Zeit begann das, wogegen man sich eigentlich hätte schützen müssen: Die Tanks begannen zu korrodieren, wurden leck, und der radioaktive Inhalt geriet in das Grundwasser. Die ganze Gegend blieb Sperrgebiet, ein Heer von Beamten bemüht sich um Schadensbegrenzung. Grundwasser darf man nicht entnehmen. Es besteht die Gefahr, dass das belastete Grundwasser in den Columbia-River gelangt. Für die in dem Gebiet lebenden 50.000 Menschen gibt es außer der Benutzung des Grundwassers keine Beschränkungen. Obst und Gemüse dürfen angebaut und gegessen werden. Die Strahlenbelastung aus dem Erdboden ist allerdings deutlich höher.

1.3.   Tschernobyl

Der meist genannte und diskutierte Störfall war die Reaktorkatastrophe in Tschernobyl.

Was war geschehen?

Der Reaktor vom Typ RBMK diente militärischen Zwecken. Alles war streng geheim. Das Reaktionsprinzip war in den westlichen Ländern vor dem Störfall nicht bekannt. Die Konstruktion des Reaktors erlaubte es, bei laufendem Betrieb Plutonium zu entnehmen. Mit Hilfe der anfallenden Prozesswärme wurde nebenbei Strom erzeugt.

Ein solcher Reaktor wäre in den westlichen Ländern nie genehmigt worden. Man muss sich nachträglich wundern, dass nicht schon früher ein derartiger Unfall eingetreten ist.

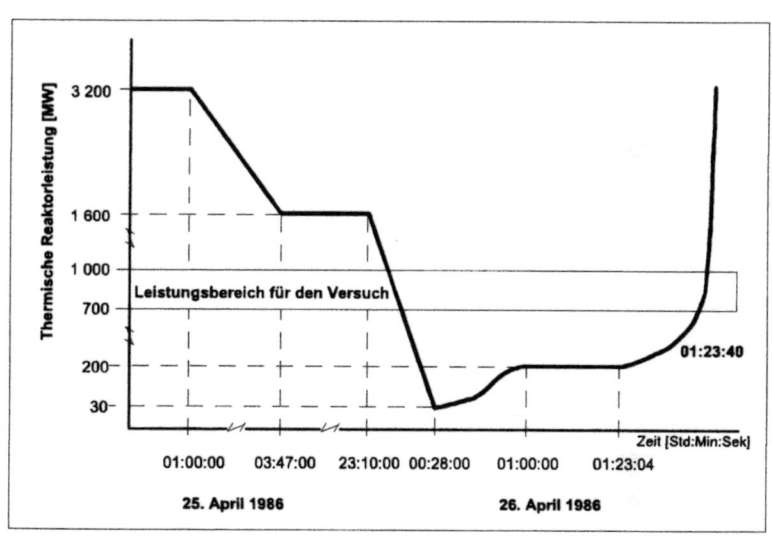

Abb. 3: Tschernobyl.
Vereinfachter Verlauf der Reaktorleistung vor dem Unfall

Wie es genau zu der Katastrophe am 26. April 1986 gekommen ist, wurde für lange Zeit geheim gehalten. 20 Jahre nach dem Unfall wurde das Tschernobyl-Forum gegrün-

19

det, das Aufklärung bringen sollte. Dazu wurde auch der damals Dienst tuende Chefingenieur Djatlow befragt, der das Unglück überlebt hat. Es setzte sich die Erkenntnis durch, dass der Reaktor, der eine gewaltige Nennleistung von 3.200 Megawatt - mehr als das 3fache eines deutschen Kraftwerks - hatte und auch eine entsprechende Menge Uran enthielt, eine Fehlkonstruktion war. Er war inhärent unsicher, d. h. es waren Betriebszustände möglich, bei denen sich von selbst die Leistung um ein Vielfaches erhöhen konnte, ohne jede Möglichkeit zum Abschalten. Auf diese Weise erhöhte sich die Leistung am Unglückstag um das 100fache.

Ausgelöst wurde das Unglück durch den Versuch, den Reaktor bei ausgefahrenen Kontrollstäben und abgeschalteter Automatik von Hand langsam zurückzufahren. Der Chefingenieur hätte wissen müssen, dass dieser Versuch bei schon teilweise abgebrannten Brennstäben und der bereits eingetretenen sogenannte Xenon-Vergiftung höchst gefährlich war. Der Reaktor wurde zu kalt. Man kann einen solchen Reaktor nicht einfach an- und abschalten. Bei dem Versuch, das zu korrigieren, ging der Reaktor durch. Die zuvor ausgefahrenen Kontrollstäbe konnten nur viel zu langsam wieder in Stellung gebracht werden. Sie bestanden zum Teil aus Graphit, der sofort zu brennen begann und deshalb keine regulierende Wirkung mehr hatte.

Konstruktionsmängel und menschliches Versagen kamen zusammen. Der Druck nahm unkontrolliert zu, eine gewaltige Explosion schleuderte den tonnenschweren Reaktordeckel in die Luft und eine radioaktive Wolke schoss kilometerweit in die Höhe: Die Luftströmung bewirkte, dass die nahegelegene weißrussische Großstadt Gomel von der Wolke überflogen wurde, so dass dort keine lebensbedrohende Radioaktivität auftrat. Sie regnete hauptsächlich in den dünnbesiedelten Waldgebieten zwischen Gomel und der etwa 200 km nördlich gelegenen Großstadt Mogilew ab. Noch heute stehen Atomwarnschilder in den Wäldern, die vor dem Verzehr von Früchten oder Pilzen warnen. Den Dorfbewohnern in diesem Gebiet bleibt allerdings nichts anderes übrig, als das in ihren Gärten gezogene Gemüse und Obst zu essen. Sie nehmen das mit Gelassenheit hin, wie sich der Autor bei einem Besuch überzeugen konnte.

Nach den Ermittlungen des Tschernobyl-Forums betrug die Zahl der unmittelbaren Todesopfer etwa 55. Die meisten waren die Helfer, Feuerwehrleute und die Hubschrauberpiloten, die die Aufgabe hatten, den Brand durch Abwurf von Sand zu löschen. Ungefähr 2.200 Helfer trugen so starke Strahlenschäden davon, dass sie mit einem frühen Tod rechnen können. Aus statistischen Erhebungen wurde geschlossen, dass insgesamt 4.000 Menschen gesundheitlich durch Strahlen beeinträchtigt sind.

Die Tschernobyl-Katastrophe hatte Folgen für die Akzeptanz der Kernkraft. In Schweden und in der Schweiz wurde beschlossen, das Atomprogramm nicht mehr weiterzuführen. Die Wasserkraft sollte den wachsenden Strombedarf decken. Andererseits hat man aus Tschernobyl gelernt, was man an der Sicherheit noch verbessern kann. Allmählich wandelte die Stimmung, die Kernkraft wurde wieder akzeptiert. So sind heute weltweit 440 Kernkraftwerke in Betrieb, 120 werden neu gebaut.

1.4. Fukushima

Nun ereignete sich in Japan Anfang 2011 ein schweres Erdbeben mit der Stärke 9, es gab eine gewaltige Tsunamiwelle. Das Kernkraftwerk in Fukushima wurde dadurch schwer beschädigt und vom Wasser überflutet. Gegen eine solche Naturkatastrophe waren die vorgesehenen Sicherheitseinrichtungen machtlos.

Erdbeben und Tsunami forderten 20.000 Todesopfer. Ob durch Strahlenschäden Menschen zu Tode gekommen sind, ist bisher nicht bekannt. Auch hier geht es um die Gefährdung der Helfer. Die Bevölkerung wurde vorsichtshalber in einem Umkreis von 30 km evakuiert.

Von der deutschen Regierung wurde Fukushima zum Anlass genommen, den vollständigen Ausstieg aus der Nutzung der Kernenergie zu beschließen. Die übrige Welt wartet ab.

1.5. Endlagerung

Ein anderes Problem soll damit gleichzeitig gelöst werden: Wohin mit den abgebrannten Brennstäben?

Die das Uran enthaltenden Brennstäbe müssen nach einer gewissen Gebrauchsdauer durch neue ersetzt werden. Sie sind nicht wertlos, man kann sie aufarbeiten und den noch

22

nutzbaren Anteil entnehmen. Der unbrauchbare Rest, der immer noch radioaktive Strahlung aussendet, muss endgelagert werden. Wo gibt es sichere Lagerstätten?

Damit können Ängste geschürt werden.

Man könnte daran denken, die vernünftigste Lösung wäre dort, wo das radioaktive Uran in Bergwerken aus der Erde entnommen wurde. Die Strahlung, die dort seit Jahrmillionen aus der Erde dringt, ist geringer geworden. Durch Einlagerung des Abfalls kann sie dann wieder auf den alten Wert steigen. Der strahlende Abfall hat aber eine ganz andere Qualität an Intensität und Halbwertszeit. Auch hat sich durch den Bergbau der Untergrund verändert, das Grundwasser könnte mit dem Abfall in Berührung kommen. Der strahlende Müll muss dauerhaft von der Erdoberfläche getrennt bleiben. In Betracht kommen Endlagerstätten unter wasserdichten Tonschichten oder Salzstöcke. Eine Lagerung in Granitstollen, wie in der Schweiz, war in Deutschland nie vorgesehen.

Es gibt in Deutschland riesige unterirdische Salzstöcke, die sich durch das Austrocknen der Urmeere gebildet haben. Die Entstehung geht auf die Zeit vor 100 Millionen Jahren zurück. Zu diesen gehört auch der Salzstock von Gorleben, der mindestens 50 Millionen Jahre alt ist und ein Volumen von 70 bis 80 Kubikkilometern umfasst. Er wird auch 51 Millionen Jahre alt werden und deshalb für die nächste Million Jahre als Endlager dienen können. Seit 30 Jahren wird mit Unterbrechungen erkundet, ob er dafür geeignet ist.

Bisher wurde nichts gefunden, was dagegen spricht. Folglich sucht man weiter.

Mit dem Abschalten der Kernkraftwerke würde auch die Frage der Endlagerung nicht mehr bestehen. Nachfolgende Generationen hätten ein Problem weniger.
Bis zum Jahr 2022 soll das letzte deutsche Kernkraftwerk vom Netz gehen. Die bisher von den Kernkraftwerken gelieferte Energie soll dann von den erneuerbaren Energieträgern kommen: Das sind Windkraft, Solarenergie, Biogas. Die „Energiewende" ist gesetzlich besiegelt.

1.6. Das CO_2-Problem

Wegen der Reaktorkatastrophe in Japan ist eine andere Begründung für die Energiewende in den Hintergrund getreten: Abschaltung der Kohlekraftwerke wegen der Abgase, wegen des darin enthaltenen Kohlendioxids, das klimaschädlich sei.

Bei der Verbrennung von Kohle entsteht aus Kohlenstoff und dem Sauerstoff der Luft das Gas Kohlendioxid. Der Gehalt in der Luft beträgt 38 Tausendstel Prozent. Dieser Anteil in der Atmosphäre hat in den letzten 100 Jahren von damals 30 Tausendstel Prozent auf den heutigen Wert, also um 8 Tausendstel Prozent, zugenommen. Gleichzeitig ist die Temperatur der Erdoberfläche um 0,8 °C angestiegen. Ursache dafür soll die Zunahme des Gehalts an Kohlendioxid in der Luft sein. Es wird daher als Treibhausgas bezeichnet. Der Temperaturanstieg würde sich fortsetzen, es gäbe mehr Unwetter, die Wüsten dehnten sich aus, der

24

Meeresspiegel würde ansteigen, und das Wasser würde die nur wenig über dem Meeresniveau liegenden Inseln und Küsten überfluten. Der Ausstoß von CO_2 aus den Schornsteinen der Kraftwerke muss aufhören. Sie sind ebenfalls durch den Ausbau der erneuerbaren Energien zu ersetzen. Das gehört ebenfalls zur Energiewende.

Aus logischer und wissenschaftlicher Sicht kann die Vorstellung, der CO_2-Anstieg, verursacht durch menschliche Aktivitäten, sei die Ursache der Erderwärmung, leicht widerlegt werden:

- Gegenüber der Menge des Kohlendioxidgehalts in der Atmosphäre und gegenüber den natürlichen CO_2-Quellen ist der Anteil aus menschlichen Quellen bedeutungslos.
- Wegen der geringen Konzentrationsänderungen der Luft um 8 Tausendstel Prozent CO_2 kann diese keinen messbaren Einfluss haben. Dadurch kann nicht die Landmasse, der Ozean, die Atmosphäre um 2 °C erwärmt und die Eismasse der Gletscher und Polkappen zum Abschmelzen gebracht werden. 8 Tausendstel Prozent sind z. B. 8 Personen in einer Großstadt von 100.000 Einwohnern.
- Der Vergleich mit einem Treibhaus ist nicht stichhaltig. Die CO_2-Moleküle bilden keine geschlossene Decke wie das Glasdach eines Treibhauses, das zwei Luftmassen voneinander trennt.
- Die Vorstellung, dass die CO_2-Moleküle Wärme auf die Erde strahlen, widerspricht dem 2. Hauptsatz der Thermodynamik. Dieser sagt aus, dass Wärme nur von ei-

nem wärmeren auf einen kälteren Körper übergehen kann. Von der Wärmestrahlung der Erde können die CO_2-Moleküle nur auf die Temperatur der Erdoberfläche erwärmt werden. Da sie nicht wärmer als diese sind, können sie auch keine Wärme zurückstrahlen.

Die Erderwärmung geht auf die stärkere Sonneneinstrahlung zurück. Das wärmer gewordene Meerwasser hat darin gelöstes Kohlendioxid an die Atmosphäre abgegeben. Der CO_2-Anstieg in der Luft ist nicht die Ursache, sondern die Folge der Erderwärmung.

Kohlendioxid ist kein Schadgas, sondern ein Nutzgas, ohne das es kein Leben auf der Erde geben würde. Ausführlich darüber in Gustav Krüger: „Kernkraft-Kohle-Klima / Energiewende nachgefragt".

Es gibt keinen Grund, Kohlekraftwerke abzuschalten. Die Kohlevorräte auf der Erde sind gewaltig, sie reichen mehr als 1.000 Jahre. In Deutschland liegt die Steinkohle tief unter der Oberfläche, Braunkohle ist noch reichlich vorhanden und im Tagebau abbaubar, aber wegen der Besiedlung nicht an jeder Stelle. Was gemacht werden muss, ist die in die Jahre gekommenen Kohlekraftwerke durch moderne mit deutlich höherem Wirkungsgrad (gelegentlich auch Effizienz genannt) zu ersetzen. Dann könnte mehr Strom aus weniger Kohle erzeugt werden, der Strom würde billiger, die Umweltbelastung wäre geringer.

2

Energieerzeugung
durch
erneuerbare Energien

Erneuerbare Energien sind zwar unerschöpflich, aber nicht zu jeder Zeit und nicht immer in der benötigten Menge verfügbar. Das erfordert eine große Anzahl weit verstreuter Stromerzeuger sowie umfangreiche Leitungsnetze und genügend große Energiespeicher für Zeiten, in denen keine Energie anfällt. Diese Anlagen haben so gewaltige Ausmaße, dass sie das Landschaftsbild Deutschlands völlig verändern würden. Die vorgesehene Zeit reicht nicht aus, um sie zu errichten.

Der Ersatz der Kernkraft durch erneuerbare Energien ist beschlossene Sache, endgültig soll der gesamte Energiebedarf in Deutschland durch die Erneuerbaren gedeckt werden. Als erneuerbare Energien kommen in Betracht:

- Wasserkraft
- Solarenergie
- Biogas
- Erdwärme
- Windkraft

Sie sind praktisch unerschöpflich und werden von der Natur kostenfrei angeliefert. Das hört sich gut an. Aber stimmt das auch? Es verlautet: „Umsonst ist das nicht zu haben." Über exakte Kosten und über Machbarkeit wird nirgends gesprochen. Wir sprechen davon.

Als erstes soll die Kernenergie vollständig ersetzt werden. Diese lieferte mit den 17 Kraftwerken 23,3 % des Strombedarfs. Um einen Überblick zu gewinnen, braucht man einige Zahlen und muss ein wenig rechnen. Auch wenn Mathematik nicht gerade zu den Lieblingsfächern gehört, muss man dazu bereit sein. Es geht nicht anders.

Die Kernkraftwerke lieferten im Jahr 142 Terawattstunden (TWh) Strom, das sind 142 Milliarden Kilowattstunden (kWh).

2.1. Wasserkraft

Der Anteil der Wasserkraft an der Stromerzeugung in Deutschland betrug 4 %, das sind 24,8 Milliarden kWh. Da die Wasserkraft in unserem Land durch Staustufen in den Flüssen, Talsperren und einigen Kraftwerken in den Mittelgebirgen praktisch voll ausgebaut ist, kann mit einer wesentlichen Steigerung nicht gerechnet werden.

Für die Wasserkraft braucht man Wasser und Gefälle. Da sind die Alpenländer und Skandinavien eindeutig im Vorteil. Deutschland kann nicht mithalten.

Abb. 4: Wasserkraftwerk Walchensee. Fallrohre.

Am Oberrhein könnten noch Staustufen errichtet werden, aber die Überflutung der Auwälder und die erforderlichen hohen Dämme werden mit Sicherheit den Widerstand der Naturschützer hervorrufen.

Man muss auch bedenken, dass die Wasserkraft aus Flüssen erheblichen Schwankungen unterworfen ist. So kann bei Niedrigwasser nur wenig Strom erzeugt werden; bei Hochwasser, wenn der Wasserstand unterhalb und oberhalb des Stauwehrs gleich hoch ist, fällt die Stromerzeugung ganz aus.

2.2. Solarenergie

Mit der Solarenergie muss man sich eingehender befassen. „Die Sonne schickt keine Rechnung" war der Titel eines viel gelesenen Buches. Das hieß mit anderen Worten: Die Energie aus der Sonnenstrahlung ist kostenlos. Weiter hieß es: Die Sonne liefert das Zehntausendfache der Energie auf die Erde, die die gesamte Menschheit verbraucht. Da muss es doch möglich sein, genügend abzuzweigen, und alle Energieprobleme wären gelöst. Das ist bisher nicht gelungen, und das wird auch in Zukunft nicht gelingen. Warum?

Da wird uns ein idyllisches Bild gezeigt von einem Einfamilienhaus mit Solarzellen auf dem Dach, das energieautark ist und keinen Stromanschluss an das Netz braucht. Das Elektroauto wird mit selbsterzeugtem Strom betankt. Erfüllbarer Wunschtraum oder Utopie?

In Deutschland wird Solarstrom ausschließlich mit Hilfe von Solarzellen erzeugt. Man kann die Solarthermie, also die direkte Nutzung der Sonnenwärme, zwar zur Erwärmung von Warmwasser verwenden z. B. durch Installation von Wassertanks auf dem Dach, aber Strom lässt sich auf diese Weise nicht erzeugen. Dazu reicht bei uns die Kraft der Sonne nicht.

Deutschland liegt am 51. Breitengrad, da fallen die Sonnenstrahlen schräg ein. Außerdem ist der Weg der Strahlen durch die Atmosphäre länger als z. B. in Spanien. Ein Teil der Energie wird absorbiert.

Um die Fläche zu ermitteln, die man für den Ersatz der Nennleistung eines Kernkraftwerkes braucht, muss berücksichtigt werden, dass nachts keine Sonne scheint und in der Dämmerung morgens und abends deutlich weniger. Der Wirkungsgrad der Solarzellen beträgt 10 %, das bedeutet, dass nur 10 % der Sonnenstrahlung in Strom umgesetzt werden. Das Ergebnis ist: Um eine Nennleistung von 1.000 Megawatt Solarstrom zu erbringen, wird eine Fläche von 140 Quadratkilometern benötigt, dicht an dicht mit Solarzellen besetzt. In dem heute oft gebrauchten Flächenmaß „Fußballfeld" wären das rund 20.000 Fußballfelder.

Um zu diesem Ergebnis zu kommen, genügt eine überschlägige Rechnung mit abgerundeten Zahlen, von jedem nachvollziehbar.

Ausgangspunkt ist folgendes:

- Leistung der Sonnenstrahlen bei senkrechtem
  Einfall   1.000 Watt/m²
- Einstrahlung auf den Quadratmeter Bodenfläche
  in Deutschland bei 51° Breite und längerem
  Weg durch die Atmosphäre   500 Watt/m²
- Effektive Durchschnittsleistung Tag/Nacht   250 Watt/m²
- Bei Berücksichtigung der Dämmerung   100 Watt/m²
- Nach Berücksichtigung der Wettereinflüsse   70 Watt/m²
- Nach Berücksichtigung des Wirkungsgrades von 10 %   7 Watt/m²

Ergebnis: Man muss zur Berechnung des Flächenbedarfs eine Leistung von 7 Watt/m² zugrunde legen.

Der Ersatz der Kraftwerksleistung von 1.000 Megawatt erfordert eine Fläche von 140 km², dicht bestückt mit Solarzellen. Dazu kommt noch der Platzbedarf für Straßen und Zugangswege für die Wartung sowie für Gebäude zur Aufnahme der Regeltechnik, der Wechselrichter und der Transformatoren. Solche Flächen stehen nicht zur Verfügung.

Die Sache ist aber nicht zu Ende gedacht. Das berechnete Kraftwerk reicht bei weitem nicht! Das hängt damit zusammen, dass der Strom nicht dann geliefert wird, wenn er gebraucht wird, sondern die Erzeugung ist starken Schwankungen unterworfen. Mittags bei heller Sonne gibt es viel, nachts gar nichts. Man braucht also Energiespeicher zum Schwankungsausgleich. Es spielt bei dieser Überlegung überhaupt keine Rolle, um was für Speicher es sich handelt, und ob es die erforderlichen Speicher gibt. Es geht um Naturgesetze, es geht um das Prinzip.

Abb. 5: Solarpark Lieberose/Brandenburg

Ein jeder Speicher muss gefüllt werden, und da es keinen Tank für Elektrizität gibt, mit anderen Energieträgern. Man kann an Batterien denken mit chemischer Energie, an Pumpspeicherwerke mit potentieller Energie oder auch an die Wasserstofftechnologie mit Wasserstoff oder Methan als Energieträger. Bei dieser rein physikalischen Betrachtung spielt das keine Rolle. Es gilt das Naturgesetz, dass man bei jeder Energieumwandlung mehr Energie hineinstecken muss als man wieder herausbekommt. Der Differenzbetrag erscheint als Wärme. Jeder Staubsauger wird warm. Man muss mehr an elektrischer Energie hineinstecken, als man an Saugkraft herausbekommt. Der Prozentsatz an nutzbarer wiedergewonnener Energie ist der schon mehrfach genannte Wirkungsgrad.

Bei der notwendigen Energiespeicherung bei Solarkraftwerken spielt er eine große Rolle. Die Füllung des Speichers erfordert eine Energieumwandlung, die Entnahme erfordert dies wieder. Bei einem Pumpspeicherwerk erhält man nur einen Teil der Energie zurück, die man hineingesteckt hat. Ähnliche oder noch größere Verluste entstehen bei der Stromspeicherung in Batterien oder bei der Wasserstofftechnologie. Die sogenannten Wirkungsgradverluste müssen von dem Solarkraftwerk ebenfalls erbracht werden. Um sicherzugehen, dass immer elektrische Energie verfügbar ist wie bei konventionellen Kraftwerken, muss schätzungsweise das Solarkraftwerk mindestens doppelt so groß geplant werden. Und dabei geht dann die erzeugte kostbare Solarenergie in nutzloser Wärmeenergie unter. Mehr über Energiespeicher in Kapitel 2.5. Windkraft.

Man braucht gar nicht erst über Flächenbedarf und Kosten diskutieren, wenn es um Pumpspeicherwerke geht. Wo könnten sie errichtet werden? Wie sollen die enormen Mengen von Solarzellen hergestellt werden, wozu man erst einmal viel Strom braucht? Wer trägt die Kosten? Diese einfache Betrachtung hat gezeigt: So geht es nicht.

2.3. Biogas

Was kann die Bioenergie an Strom liefern? Bei dieser Fragestellung muss noch eine andere Überlegung vorausgeschickt werden. „Bios" heißt auf deutsch „Leben", und Bioenergie ist Energie aus Lebensmitteln. Ist das ethisch zu verantworten? Auf der Welt leiden 850 Millionen Menschen Hunger, das 10fache der Bevölkerung der Bundesrepublik

Deutschland. 50 Millionen verhungern jährlich, darunter 15 Millionen Kinder. Jeder weiß es, täglich liefert uns das Fernsehen Bilder davon. Wo bleibt da die Ethikkommission? Die Verwendung von Lebensmitteln hierfür heißt im christlichen Sprachgebrauch Sünde.

Das Schlagwort „Unsere Bauern werden die Ölscheichs der Zukunft sein." verheißt nichts Gutes. Danach soll mit Strom vom Acker viel Geld verdient werden können. Mit anderen Worten: Die Preissteigerung von Lebensmitteln ist vorprogrammiert, das Brot wird teurer. Es geht zunächst aber nicht um die Kosten, sondern um die Frage: Wie viel landwirtschaftlich zu nutzende Fläche wird gebraucht, um die Stromlieferung der Kernkraftwerke zu ersetzen?

Zur Abschätzung des Flächenbedarfs kann man die Angaben des „Deutschen Maiskomitees" heranziehen. Danach kann Mais von einer Fläche von 243.000 Hektar (2.430 km²) Strom von insgesamt 4,1 TWh liefern. Dieser Flächenbedarf enthält nicht die notwendige Fläche für die umfangreichen Anlagen zur Gaserzeugung und zur Stromherstellung. In dieser Hinsicht erweisen sich die zahlreichen Kleinanlagen als besonders ungünstig.

Das Prinzip der Stromerzeugung ist folgendes: Aus Energiepflanzen wird durch einen streng kontrollierten Gärprozess Biogas erzeugt. Dieses besteht in der Hauptsache aus dem sehr energiereichen Methan. Ein mit Methan betriebener Gasmotor treibt einen Generator an, der Strom erzeugt. Man kann auch daran denken, einen Dampfkessel zu heizen und wie in einem konventionellen Dampfkraftwerk über Dampfturbinen und Generatoren Strom zu erzeugen.

Bei Großanlagen würde dieser Weg zu einem günstigen Wirkungsgrad führen. Die im Gas enthaltene Energie wäre besser ausgenutzt als bei den vielen Kleinanlagen. Am günstigsten wäre der Einsatz einer mit einem Dampfkraftwerk gekoppelten Gasturbine. Das Dampfkraftwerk wird mit der Wärme des aus der Turbine austretenden Gases betrieben. Mit einer solchen Kombination erreicht man einen Gesamtwirkungsgrad von 60 %. Allerdings ist der Gasbedarf einer solchen Anlage so hoch, dass man sich fragen muss, ob der Betrieb mit Biogas möglich ist.

Der Vorteil der Nutzung von Biogas liegt darin, dass es unabhängig von Tag und Nacht oder von Witterungseinflüssen erzeugt werden kann, und dass es speicherbar ist. Das Gasnetz kommt für eine Speicherung nicht in Betracht. Das benötigt man für die Verteilung. Methan kann man aber sowohl in Gasometern wie auch in unterirdischen Kavernen speichern. Es stellt wegen der Größe der Moleküle an die Dichtungen keine extremen Ansprüche.

Was braucht man aber für den Anbau von Mais, um die nach dem Abschalten der Kernkraftwerke fehlende Strommenge bereitzustellen? Das sind im Jahr rund 160 TWh, also 160 Milliarden kWh Strom. Nach Angaben des „Deutschen Maiskomitees" ermöglicht eine Fläche von 2.430 km² Mais die Erzeugung einer Strommenge von 4,1 TWh Strom. Das ist etwa die Hälfte des Stromes, den ein Kernkraftwerk im Jahr liefert. Rechnet man das auf 17 Kernkraftwerke hoch, so kommt man auf einen Flächenbedarf für den Maisanbau von rund 100.000 km². Das ist etwa das 1,5fache der Fläche des Freistaates Bayern.

Im Jahr 2007 haben 3.000 Biogasanlagen Strom erzeugt mit einer durchschnittlichen installierten Leistung von 250 kW. Bei ständigem Volllastbetrieb würden diese Anlagen 750.000 kW leisten, also ¾ eines Kernkraftwerks ersetzen. Tatsächlich haben sie die Hälfte der Leistung eines Kernkraftwerkes erbracht. Die Anbaufläche für Mais betrug pro Anlage 80 Hektar, insgesamt also 240.000 Hektar (2.400 km²). Das Ergebnis deckt sich mit dem aus der Strommenge berechneten.

Schlussfolgerung: Auch Biogas kann die von den Kernkraftwerken erzeugte Strommenge nicht ersetzen. Die für den Maisanbau benötigte Fläche ist nicht vorhanden.

2.4. Erdwärme

Erdwärme ist unerschöpflich. Erdwärme ist eine immer wiederkehrende Überlegung, ob nicht der praktisch unerschöpfliche Vorrat an Wärmeenergie im Inneren der Erde als Energiequelle genutzt werden kann.

In Mitteleuropa steigt die Temperatur in jeweils 100 m Tiefe um 3 °C an. Es gibt einige Anomalien, in Deutschland im Oberrheintal, wo warmes Thermalwasser bis an die Erdoberfläche steigt. Schon zur Zeit der Römer entstanden dort Badeorte, heute sind sie weltbekannt, wie z. B. Baden-Baden. Trotz der günstigen Voraussetzungen wird es dort kaum möglich sein, geothermische Kraftwerke zu errichten und das Thermalwasser dazu abzugraben. In anderen Gebieten muss man schon auf weit mehr als 5.000 m in die Tiefe gehen, um die Erdwärme zur Energieerzeugung zu nutzen.

Abb. 6: Erdwärme - Vulkanismus

Die Vorstellung ist, einen unterirdischen Durchlauferhitzer zu schaffen, in dem Wasser auf hohe Temperatur gebracht wird. Zu diesem Zweck sollen im Abstand von einigen Kilometern zwei Bohrungen abgesenkt werden. In der einen wird kaltes Wasser in die Tiefe gepresst, das nach Erwärmung im Durchlauferhitzer in der zweiten Bohrung wieder an die Oberfläche steigt.

Die große Schwierigkeit ist die Herstellung des unterirdischen Durchlauferhitzers. Dies soll auf folgende Weise geschehen: Man presst in eine Bohrung Wasser unter hohem Überdruck in die Tiefe. Dort soll sich das Wasser selbst seinen Weg durch das Gestein suchen. Mit einer raffiniert ausgedachten Technik wird festgestellt, in welche Richtung das Wasser vorgedrungen ist. An der als am günstigsten angesehenen Stelle wird dann die zweite Bohrung abgesenkt. Mit diesem Verfahren wurde in der Schweiz in der Nähe von Basel gearbeitet. Noch bevor mit der zweiten Bohrung begonnen wurde, ereigneten sich in dem Gebiet einige kleinere Erdbeben. Die verantwortlichen Geologen haben zwar versichert, dass Erdbeben, wenn überhaupt, nur in ungefährlicher Stärke auftreten können und keinesfalls in der Stärke des großen Erdbebens im 14. Jahrhundert, das die Stadt in Trümmer legte. Aber das Misstrauen blieb. Es hat sich gezeigt, dass das Vorhaben der Nutzung der Erdwärme unbekannte und unvorhergesehene Risiken enthält. Das Erdwärmeprojekt bei Basel wurde daraufhin beendet.

Die Geologie kennt zwar weitgehend die Gesteinsschichtung im Untergrund, aber je tiefer man vordringt, umso unsicherer werden die Angaben. Die Frage ist: Gibt es möglicherweise Mineralien, die mit dem Wasser chemisch reagieren? Gipskeuperschichten würden aufquellen und sich ausdehnen. Das Ziel, Wege für den Durchlauf des Wassers zu schaffen, bedeutet, dass dafür Hohlräume entstehen sollen. Auf unkontrollierbare Weise werden zwangsläufig Verschiebungen stattfinden, die neue Spannungen zur Folge haben. Zusammen mit den bestehenden gewaltigen unterirdischen Spannungen sind Erdbeben vorprogrammiert. Bei Basel waren sie zu erwarten.

Von den seltenen Anomalien und den Gebieten mit aktivem Vulkanismus abgesehen muss man zur geothermischen Nutzung der Erdwärme weit in die Tiefe gehen. In 8.000 m unter der Erdoberfläche herrschen etwa 240 °C. Diese Wärme gilt es heraufzuholen. Sind die Bohrungen und der Durchlauferhitzer erstellt, und hat das Kraftwerk seinen Betrieb aufgenommen, so kühlt sich durch die beständige Wärmeentnahme das Gestein in der Tiefe ab. Die Wassertemperatur wird zwangsläufig sinken. In welchem Umfang das der Fall ist, hängt von der Wärmeleitfähigkeit des Gesteins in der Tiefe ab, das die Wärme zum Durchlauferhitzer hinleitet. Damit das Kraftwerk seine Effektivität nicht zu sehr einbüßt, kann nur ein begrenzter Temperaturrückgang toleriert werden. Dazu ist der Wasserdurchfluss zu verringern. Das alles ist bei der Planung zu berücksichtigen.

Auch bei einem geothermischen Kraftwerk ist der Wirkungsgrad für die Wirtschaftlichkeit maßgebend. Wie bei allen Wärmekraftwerken heißt die Frage: Wie viel Prozent der Wärmeenergie können in elektrische Energie umgesetzt werden? Hierfür gelten die durch Menschen nicht zu ändernden Naturgesetze, die in der Theorie der Thermodynamik in Zahlen gefasst sind. Ideale Verhältnisse vorausgesetzt, berechnet sich der Wirkungsgrad eines Wärmekraftwerkes nach der Formel:

$$\text{Wirkungsgrad } W = 1 - T_2 : T_1$$

T_1 ist die Eintrittstemperatur, T_2 die Austrittstemperatur des Dampfes aus der Dampfturbine. Die Temperaturangaben müssen in der Skala der absoluten Temperatur eingesetzt werden. Zu den Werten in Grad Celsius müssen 273 hinzugezählt werden. Jeder, der daran interessiert ist, kann leicht nachrechnen. Bei einer Eintrittsdampftemperatur von 200 °C und einer Austrittstemperatur von 100 °C ergibt sich ein Wirkungsgrad von etwa 20 %. Das bedeutet, die Erdwärme wird nur zu 20 % zur Stromerzeugung genutzt. Durch keine Maßnahme kann daran etwas geändert werden. Der im praktischen Betrieb erreichbare Wirkungsgrad liegt noch deutlich darunter.

Fordert man ein geothermisches Kraftwerk mit höherem Wirkungsgrad, so braucht man höhere Temperaturen. Dazu gibt es nur einen Weg: Weiter in die Tiefe mit wachsenden technischen Schwierigkeiten und mit vorher unkalkulierbaren Kosten. Es ist daher nicht zu erwarten, dass Geothermie in Deutschland einen merklichen Beitrag zur Energiegewinnung leisten wird.

2.5. Windkraft

Windkraft – die große Erwartung! Energie aus Windkraft wird als aussichtsreich angesehen, den Hauptanteil an den erneuerbaren Energien zu liefern. Inwieweit lässt sich diese Erwartung erfüllen?

Als erster Schritt soll die Stromlieferung der 17 Kernkraftwerke ersetzt werden. Der zweite Schritt sieht dann den Ersatz der Kohlekraftwerke vor. Das ist die endgültige Zielvorstellung. Alles soll termingerecht realisiert werden. Dazu müssen die Windräder zügig gebaut und die Leitungen verlegt werden. Genehmigungsverfahren und Planfeststellungen müssen abgekürzt werden. Zweifel an der Machbarkeit sind nicht erlaubt.

Wir setzen uns über das Denkverbot hinweg und fragen in diesem Kapitel nur: Kann die Windkraft überhaupt die Erwartungen erfüllen? Die Frage muss zuerst beantwortet werden. Über Kosten sprechen wir später.

Zur Nutzung der Windkraft braucht man nicht nur Windräder und Stromleitungen, man braucht vor allem Wind. Wo weht am meisten Wind? Wo sind bevorzugt Windräder aufzustellen, damit sie sich auch drehen? Welche Flächen stehen zur Verfügung? Und wohin ist der erzeugte Strom zu leiten? Alle diese Fragen müssen bei der Gesamtplanung behandelt und geklärt werden.

Unsere Vorfahren haben im Küstenbereich, bevorzugt an der Nordsee, Windmühlen gebaut. Im übrigen Land gab es so gut wie überhaupt keine. In den Tälern der Mittelgebirge wurde das Korn in Wassermühlen an zahlreichen kleineren und größeren Bächen gemahlen.

Auch heute weht der Wind am stärksten an der Küste. Dort wurden die ersten Windräder zur Stromerzeugung gebaut, dort stehen die meisten. Es ist nur eine Frage der Zeit, wann sie auch in Naturschutzgebieten und im geschützten Wattenmeer errichtet werden. Vor der Küste, im offenen Meer, sind ganze Windparks im Bau. Man braucht viele.

Wie viele?

Gefordert ist die Leistung der Kernkraftwerke. Die beträgt heute 142 Terawattstunden (TWh) im Jahr. Das sind 142 Milliarden Kilowattstunden (kWh). Im Jahr 2022, dem Jahr des vorgesehenen Endes der Stromlieferung aus Kernkraftwerken, müssen voraussichtlich 164 TWh ersetzt werden.

Die Leistung eines Kernkraftwerks kann dem Strombedarf angepasst werden. Im Winter braucht man mehr, im Sommer weniger, und auch im Tagesverlauf gibt es Leistungsspitzen und schwächere Zeiten. Strom muss zur Verfügung stehen, wenn er gebraucht wird. Bei der Windkraft, wie schon bei der Solarenergie, muss der Strom verbraucht werden, wenn er entsteht. Das macht das ganze Vorhaben mit der erneuerbaren Energie sehr kompliziert. Anfallender Strom, der nicht sofort genutzt werden kann, muss für eine Energiespeicherung verwendet werden. Da es keinen Tank für elektrische Energie gibt, ist eine Umwandlung der elektrischen Energie in eine andere speicherbare Form der Energie erforderlich. Das ist eine gewaltige Aufgabe, deren Lösung von Anfang an zu bedenken ist. Es hat keinen Sinn, Energie aus Windkraft zu erzeugen, wenn man nicht gleichzeitig die Energiespeicherung bereitstellt, und zwar mit der gleichen Leistung, wie sie durch die Windräder erbracht wird.

Zur überschlägigen Berechnung der Anzahl der erforderlichen Windräder geht man am einfachsten von der Leistung aus. Die installierte Leistung eines Kernkraftwerks beträgt rund 1.000 MW. Die deutschen Kernkraftwerke arbeiten durchschnittlich mit einer Leistungsabgabe von 94 %. Damit ist gemeint, dass 94 % der installierten Leistung effektiv in Form von elektrischem Strom abgegeben werden.

Für Windräder sieht die Effektivität viel ungünstiger aus. Sie sind auf unterschiedliche Leistung ausgelegt. Anfangs betrug die installierte Leistung eines Windrades 250 kW, dann folgten 500-kW-Windräder, jetzt sind es überwiegend 1.000-kW-Windräder. Dieser Wert soll auch für die überschlägige Berechnung der Anzahl verwendet werden. Die in der Praxis erbrachte Leistung liegt allerdings weit darunter. 1.000 kW erreicht sie nur, wenn der Wind in der Stärke weht, die der Konstruktion der Rotoren zugrunde gelegt wurde. Er sollte möglichst gleichmäßig, ohne Turbulenzen und ohne die Richtung zu wechseln wehen.

Diese Voraussetzungen für eine optimale Leistungsabgabe sind nur selten erfüllt. Aus Gründen der Aerodynamik nimmt die Leistung bei schwächerer Windbewegung stark ab. So wird bei der Hälfte der der Berechnung zugrunde gelegten Windgeschwindigkeit nicht etwa auch die Hälfte der Nennleistung erreicht, auch nicht ein Viertel, sondern gerade ein Achtel. Ist für ein Windrad mit einer Nennleistung von 1.000 kW eine Windgeschwindigkeit von 10 m pro Sekunde zugrunde gelegt, so leistet es bei 5 m pro Sekunde gerade einmal 250 kW. Diese Gesetzmäßigkeit schließt aus, dass ein 1.000-kW-Windrad im Betrieb auch nur annähernd diese Leistung erbringt.

Wissenschaftlich heißt das, die Energiedichte bewegter Luft ist gering und kann prinzipiell nur ungenügend ausgenutzt werden. Man braucht riesige Rotoren. In windschwachen

Gegenden sind Windräder ohne großen Nutzen. Die Errichtung ist ein kostspieliges und unwirtschaftliches Unterfangen. Für die Abschätzung der Anzahl der erforderlichen Windräder kann man auf die Erfahrungen mit den bisher errichteten zurückgreifen. Im Mittel beträgt die erbrachte Leistung der Windräder in Deutschland 20 % der installierten Leistung. In Baden-Württemberg würde eine effektive Leistung von 15,5 % erreicht, im norddeutschen Flachland liegt sie meist über 20 %. Dort gibt es auch bereits jetzt die meisten Windräder.

Für Baden-Württemberg ergibt sich folgende Rechnung: Die drei Kernkraftwerke haben eine Gesamtleistung von 3.000 MW. Ein 1-MW-Windrad erbringt in dem windschwachen Gebiet eine effektive Leistung von 155 kW. Um 3.000 MW, also 3.000.000 kW, zu ersetzen, benötigt man also rund 20.000 Windräder dieser Größe.*) Sie müssen möglichst an Stellen errichtet werden, wo der Wind am stärksten weht. Das ist auf den Höhen des Schwarzwaldes der Fall. Dort würde aus einem Wald von Tannen ein Wald von Windrädern entstehen. Es fragt sich allerdings, ob das von den Anwohnern, die heute hauptsächlich vom Tourismus leben, toleriert wird. Der Naturschutz bleibt auf der Strecke.

Eine Computersimulation gibt es schon, eine Horrorvision, die kaum gezeigt wird.

---

*) Im Jahr 2012 betrug in BW die erbrachte Leistung der Windräder nur 10,2 % der installierten Leistung. Der Rückgang hängt auch damit zusammen, dass zunehmend Windräder in den windschwachen Gebieten errichtet werden. Die Anzahl der benötigten Windräder erhöht sich damit auf rund 26.000.

Abb. 7: Windpark. Tehachapi-Pass/Kalifornien

Dazu kommt, dass Windräder allein zur Stromlieferung nicht genügen, man braucht auch Stromleitungen. Die laufen dann durch die Täler. Die Leitungen unter die Erde zu verlegen, käme viel zu teuer. Doch zu den Kosten später.

Für den Ersatz sämtlicher Kernkraftwerke in Deutschland durch Windkraft ergibt sich folgendes: Die 17 Kernkraftwerke haben eine Gesamtleistung von 17.000 MW. Nimmt man für ganz Deutschland einen mittleren Nutzungsgrad der Windräder von 20 % an, so braucht man 5 x 17.000 Windräder mit einer Nennleistung von je 1 MW, also 85.000 Windräder. Zusammen mit den bereits vorhandenen sind das 110.000 Windräder. Voraussichtlich werden es noch mehr sein, denn es werden auch noch 500-kW-Windräder errichtet. Mit einer Gesamtzahl von 140.000 als Schätzwert liegt man nicht ganz falsch. Große Zahlen sind bekanntlich nur schwer vorstellbar. 140.000 Windräder heißt z. B. zwei Windräder auf jeden Quadratkilometer des Freistaates Bayern.

Die Berechnung der Anzahl der benötigten Windräder für eine gesicherte Stromversorgung ist damit nicht zu Ende, es ist erst der Anfang. Wie bei der Solarenergie nachts kein Strom von den Solarzellen kommt, so liefern auch die Generatoren der Windräder bei Flaute keinen Strom. Niemand kann ausschließen, dass das nicht auch einmal von Flensburg bis Oberstdorf der Fall sein kann. Und niemand weiß, wie lange eine Flaute dauern wird. Das können Tage sein. Die Stromversorgung wird unsicher.

2.6. Energiespeicherung / Pumpspeicherwerke

Wenn kein Strom kommt, kann man im Haushalt eine Kerze anzünden, aber an anderen Stellen ist man auf eine gesicherte Stromversorgung angewiesen. In unserem Land war das bisher eine Selbstverständlichkeit. Im Lift steckenzubleiben, ist zwar kein Vergnügen, aber man kann es ertragen, Die Bahn braucht Strom, der ICE sollte nach Möglichkeit im Tunnel nicht stehen bleiben, die Kühlhäuser brauchen Strom wie auch der Arzt am Operationstisch. Notstromaggregate können auch einmal nicht anspringen.

Es liegt die unabdingbare Forderung vor: Die Stromlieferung darf keinesfalls unterbrochen werden. Deshalb ist es zwingend, dass schon von Beginn der Energielieferung der erneuerbaren Energien an eine Energiespeicherung vorhanden sein muss. Das wird sich bei genauer Betrachtung als das Hauptproblem herausstellen.

Zur Stromerzeugung aus Windkraft gehört vor allem Wind. Der weht nicht immer. Der Strom zu Zeiten der Flaute muss aus einem Energiespeicher kommen, der zu Zeiten von reichlichem Stromangebot wieder aufgefüllt wird. Als Energiespeicher sind immer wieder Pumpspeicherwerke im Gespräch. Die anfallende elektrische Energie wird darin als potentielle Energie gespeichert.

So, wie man bei einer alten Pendeluhr die Energie für den Antrieb des Räderwerks speichert, indem ein Gewicht angehoben wird, wird in einem Pumpspeicherwerk Wasser von einem niedrigen Niveau in ein höheres gepumpt. Benötigt man die Energie wieder, dann fließt das Wasser über Rohrleitungen in eine Turbine, die mit einem Generator gekoppelt ist. Das funktioniert, solange der Wasservorrat im oberen Speicherbecken reicht. Dieses sollte möglichst hoch über dem unteren liegen. Nur gebirgige Gegenden kommen für die Einrichtung von Pumpspeicherwerken in Betracht. Diese finden sich in den Mittelgebirgen in der Mitte und im Süden Deutschlands.

Andererseits fällt der meiste Windstrom an der Küste und in den norddeutschen Tiefebenen an. Überschüssiger Strom muss also nach Süddeutschland zur Speicherung geleitet werden und auch wieder zurück zu den Verbrauchern. Es müssen neue Leitungen gebaut werden, die nicht nur hohe

Kosten und Leitungsverluste verursachen, sondern auch zur Zerstörung der Landschaft führen.

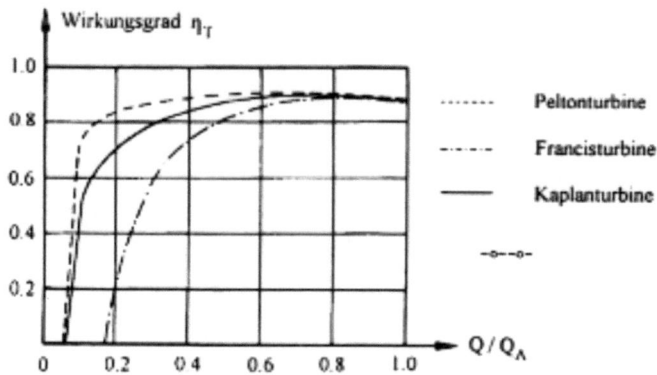

Abb. 8: Wirkungsgrad von Turbinen

Von der Vorstellung, dass ein Pumpspeicherwerk wirtschaftlich arbeitet, sollte man sich möglichst von vornherein verabschieden. Der Grund dafür liegt wieder in den Naturgesetzen, nämlich in der nicht zu ändernden Tatsache, dass jede Energieumwandlung mit einem Wirkungsgrad verbunden ist. Man kann nicht erwarten, dass man die Menge der Energie, die man hineingesteckt hat, auch wieder zurückerhält. Es ist so, als wenn man Geld zur Bank zur Aufbewahrung bringt, wobei man weiß, dass man eines Tages, wenn man das Geld braucht, nur einen Teil zurückerhält. Niemand würde das tun.

Bei Pumpspeicherwerken ist das die Regel. Wie viel der eingegebenen Energie erhält man zurück? Ein Pumpspeicherwerk arbeitet mit vier Energieumwandlungen:

1. Mit überschüssigem elektrischem Strom wird in einem Elektromotor elektrische Energie in mechanische Energie umgewandelt.
2. Mit der mechanischen Energie wird eine Pumpe betrieben, die Wasser nach oben pumpt.
3. Bei der Rückgewinnung der Energie wird durch das herabströmende Wasser eine Turbine in Bewegung gesetzt. Die potentielle Energie wird in Bewegungsenergie umgewandelt.
4. Mit der Bewegungsenergie wird ein Generator angetrieben, der Strom erzeugt.

Jede Energieumwandlung ist mit einem Energieverlust verbunden. Dazu gehören auch die Verluste durch Transformatoren im Pump- und Generatorbetrieb sowie Leitungsverluste. In den Rohren entstehen nicht zu vernachlässigende Strömungsverluste. Der Wirkungsgrad ist keine Konstante, sondern davon abhängig, ob Volllast- oder Teillastbetrieb besteht. Bei Volllast ist er am größten, wenn die Maschine zu den der Konstruktion zugrunde liegenden Bedingungen betrieben wird. Bei Leerlauf ist er Null, im Teillastbereich liegt er dazwischen. Bei einem unregelmäßig anfallenden Windstrom ist hauptsächlich mit ungünstigem Teillastbetrieb zu rechnen. Welcher Wirkungsgrad dann maßgebend ist, kann erst nach den Erfahrungen mit Windstrom gemacht werden. Von dem immer wieder genannten Wirkungsgrad von 80 % und mehr für Pumpspeicherwerke sollte man sich möglichst bald verabschieden.

Für den Volllastbetrieb kann man auf die Erfahrungen bei den deutschen Pumpspeicherwerken zurückgehen. Im Jahr

2006, als Windkraft noch keine Rolle gespielt hat, wurde in die Pumpspeicher eine Energiemenge von 5,8 GWh (Gigawattstunden) eingespeichert, 4,0 GWh wurden wieder zurückgewonnen. Daraus ergibt sich ein Gesamtwirkungsgrad von 69 %. Dies unter der Voraussetzung, dass die Wasserstände der Oberbecken gleich geblieben sind. Verdunstungsverluste werden bei der Lage der Pumpspeicherwerke in den deutschen Mittelgebirgen nicht nur ausgeglichen, sondern um etwa 20 % überkompensiert. Bei Speicherbecken auf der Leeseite des Schwarzwaldes würden die Verluste überwiegen. Den Gesamtwirkungsgrad kann man also auf ca. 65 % beziffern. Wie weit er im Teillastbetrieb zurückgeht, kann nur geschätzt werden. Es ist nicht vollkommen auszuschließen, dass er unter 1/3 fällt.

Um eine ununterbrochene Stromlieferung zu gewährleisten, muss der ungünstigste Fall in Betracht gezogen werden. Der Energiespeicher entwickelt sich dann zum Energiefresser. Betriebswirtschaftlich müssen zu den Verlusten noch der Eigenbedarf des Kraftwerks und die Verluste der Fernleitungen mit 1 % pro 100 km hinzugerechnet werden.

Die Tatsache, dass man mit dieser Art der Speicherung nur einen Teil der aufgewendeten Energie zurückerhält, hat gravierende Konsequenzen. Zuerst muss festgestellt werden, welche Leistung die Speicherkraftwerke erbringen müssen. Je nach der von der Windkraft gelieferten Leistung muss der Ausfall von den Speichern ersetzt werden. Bei einem Totalausfall ist das die Leistung der jetzigen Kernkraftwerke, also rund 17.000 MW. Man braucht also viele Speicherkraftwerke, sehr viele.

Als anschauliches Beispiel kann man das Walchensee-kraftwerk heranziehen. Es ist zwar kein Pumpspeicherwerk, aber es erzeugt Strom aus dem hoch liegenden Walchen-see. Jeder, der die Anlage besichtigt, ist beeindruckt von den gewaltigen Rohrleitungen, die das Wasser des Sees in das Turbinenhaus leiten. Da steckt Kraft dahinter, das ist der Eindruck. Bei der Besichtigung erfährt man, dass die Anlage 37.000 kW leistet, das sind 37 MW. Mit der Kern-kraft verglichen ist das 1/27 der Leistung eines Kernkraft-werks. Man braucht also 27 Walchensee-Kraftwerke, um die Leistung eines einzigen Kernkraftwerks zu ersetzen. Für die 17 abzuschaltenden Kraftwerke wären es 459 Wal-chensee-Kraftwerke. Das heißt, 459 Pumpspeicherwerke in dieser Größe müssten gebaut werden. Da muss man nicht lange überlegen und nachdenken: Das ist nicht realisierbar, weder wegen der fehlenden Standorte noch wegen der langen Planungs- und Bauzeit – und schon gar nicht wegen der Kosten. Dabei wird die Energie aus dieser enormen Investition nur zeitweise gebraucht, vielleicht sehr selten, aber sie muss immer auf Abruf bereitstehen.

Die Speicherkraftwerke müssen aber nicht nur die erforder-liche Ersatzleistung erbringen, die Speicherbecken müssen so groß bemessen sein, dass der Wasservorrat auch bei ungünstigen Witterungsverhältnissen ausreicht.

Nach den Plänen der Bundesregierung sollen endgültig 80 % des Strombedarfs aus erneuerbaren Energien ge-deckt werden, also nach dem Abschalten auch aller thermi-schen Kraftwerke. Welche Energiespeicher werden in die-sem Fall nötig? Rechnen Sie bitte mit, es lohnt sich.

Die Gesamtleistung der Kraftwerke zur Stromerzeugung beträgt 40.000 MW, also 40 GW (Gigawatt). Als Zielvorstellung sind davon 80 %, also 56 GW, zu ersetzen.

Niemand weiß, wann und wie lange der Wind weht, und nachts gibt es aus Photovoltaik keinen Strom. Es ist nicht auszuschließen, dass es einmal einen Zeitraum von 30 Tagen geben kann, in dem praktisch kein „erneuerbarer" Strom anfällt. Für diese Zeit müssen Pumpspeicherwerke einspringen. Eine einfache Rechnung ergibt
30 Tage x 24 Stunden X 56 Gigawatt = 40.320 GWh
für den Energiebedarf. Wie viel Wasser müssen die Speicher enthalten, die das leisten?

Um 1 kWh zurückzugewinnen, muss 1 Kubikmeter Wasser von 400 m Höhe aus durch eine Turbine geleitet werden. Man braucht also für 40.320 GWh oder 40,32 TWh (Terawattstunden) Strom ein oberes und ein unteres Speicherbecken von $40,32 \times 10^9$ Kubikmetern, also von 40,32 Kubikkilometern Inhalt. Das entspricht fast der Größe des Bodensees mit 48 Kubikkilometern Inhalt, und das bei einem Höhenunterschied von 400 Metern!

Es liegt auf der Hand, dass eine solche Forderung nicht erfüllt werden kann. Über die Unmöglichkeit der Finanzierung ist erst gar nicht zu reden.

Die Tatsache, dass die Energie, die in die Speicher eingespeist wird, nur zum Teil zurückerhalten wird, findet so gut wie keine Beachtung. Speicherung bedeutet Energieverlust.

Also muss dafür zusätzlich Energie erzeugt werden. Wie viel Windräder braucht man dafür?

Die für den Ersatz der Kernkraft berechneten 140.000 Windräder decken den Energiebedarf im Durchschnitt. Speicherkraftwerke gleichen nur die Schwankungen von Erzeugung und Verbrauch aus. Je größer die Schwankungen sind, umso mehr Verlustleistung entsteht dabei. Schwankungen können nur statistisch erfasst werden, aber eine Statistik dafür gibt es nicht. Man ist auf Abschätzungen angewiesen.

Nimmt man an, dass 15 % der Windkraft über Speicher laufen, bedeutet das die Leistung von 21.000 Windrädern. Diese muss aus den Speichern herauskommen. Wegen der Wirkungsgradverluste von bis zu 65 % braucht man dafür das Dreifache, also 63.000 Windräder. Diese Anzahl ist zu den berechneten 140.000 Windrädern hinzuzuzählen. Insgesamt sind damit rund 200.000 Windräder allein zum Ersatz der Kernkraftwerke nötig. Sollen auch die thermischen Kraftwerke ersetzt werden, erhöht sich die Anzahl der erforderlichen Windräder auf das Dreifache, auf 600.000. Wohin damit? Bis wann? Was kostet das? Mindestens die Fragen müssen gestellt werden. Eine Antwort darauf gibt es sowieso nicht.

Heute gibt es in Deutschland Pumpspeicherwerke mit einer Gesamtleistung von 7.000 MW. Sie dienen einem ganz anderen Zweck als dem Ausgleich von Windschwankungen und sind ihrer Aufgabe entsprechend dimensioniert. Sie treten dann in Aktion, wenn plötzlich Spitzen im Verbrauch eintreten oder ein konventionelles Kraftwerk wegen einer Störung herabgefahren werden muss. Sie weisen deshalb eine hohe Leistungsabgabe auf bei teilweise nur kurzer Verfügungszeit.

Ein Beispiel dafür ist das Pumpspeicherwerk Geesthacht in unmittelbarer Nähe des Kernkraftwerks Krümmel an der Elbe, das abgeschaltet ist. Die Aufgabe des Speichers war, bei eventuellem Leistungseinbruch des Kraftwerks Strom zu liefern. Es musste darauf geachtet werden, dass der Speicher immer vollgefüllt war. Das Fassungsvermögen des betonierten Beckens reichte gerade aus, um die Turbinen sechs Stunden lang mit Volllast zu betreiben. Diese liegen 80 m unterhalb des Beckens und weisen die beachtliche Leistung von 120 MW auf.

Das Pumpspeicherwerk Geesthacht ist das einzige im norddeutschen Raum und nun überflüssig geworden. Ob es Aufgaben zur Speicherung von Energie aus Windkraft übernehmen kann, ist noch zu entscheiden. Pumpen und Turbinen sind dafür nicht optimal geeignet. Bei den übrigen Pumpspeicherwerken in Deutschland sind die Verhältnisse dafür günstiger, sie sind jedoch der von der Windkraft geforderten Leistung bei weitem nicht gewachsen.

Ein Beispiel für Pumpspeicherwerke liefert die Anlage im Bereich des Edersees im hessischen Bergland. Der Edersee selbst ist kein Pumpspeicherwerk, er ist durch den Aufstau der Eder bei Hemfurth entstanden und gehört mit einem Fassungsvermögen von 200 Millionen Kubikmetern zu den großen Talsperren in Deutschland. Die Staumauer wurde im Jahr 1914 fertiggestellt.

Der Edersee liefert das Wasser für die benachbarten Speicher- und Pumpspeicher-Kraftwerke. Direkt unten an der Staumauer liegt das Speicherkraftwerk Hemfurth, das für den Ausgleich von Leistungsschwankungen vorgesehen ist. Es besitzt eine beachtliche Spitzenleistung von 12.500 kW. Flussabwärts an der Eder bei Affoldern schließt sich ein Laufwasserkraftwerk mit einer Leistung von 2.000 kW an. Die Kraftwerke wurden 1928 in Betrieb genommen.

Um den weiter steigenden Strombedarf sicherzustellen, erwies sich der Bau eines Pumpspeicherwerkes als notwendig. Mit dem Bau wurde 1929 begonnen, im Jahr 1933 nahm es seinen Betrieb auf. Das Kraftwerk Waldeck 1 besteht aus einem unteren Speicherbecken, dem künstlichen Affolderner See, an dem auch das Maschinenhaus liegt. Es enthält die Pumpanlage, mit der das Wasser in das 300 m höher gelegene Oberbecken gepumpt werden kann. Bei zusätzlich anfallendem Strombedarf strömt das Wasser in zwei Rohrleitungen von je 2 m Durchmesser in die Turbinen. Die daran angekoppelten Generatoren erreichen eine Spitzenleistung von 140 MW.

Wegen des weiter steigenden Strombedarfs wurde 40 Jahre später das Pumpspeicherwerk Waldeck 2 gebaut. Das Oberbecken hat ein Fassungsvermögen von 4,6 Millionen Kubikmetern. Eine Rohrleitung von 5,75 m Durchmesser leitet das Wasser in das Unterbecken, das 300 m tiefer in einer künstlich geschaffenen Höhle im Berg liegt. Das

Becken hat eine Länge von 100 m, eine Breite von 34 m und ist 50 m tief. In der Höhle hat auch das Kraftwerk seinen Platz. Die beiden Turbinen können maximal 400 MW leisten. Diese Speicherkraftwerke wurden zum Ausgleich von Leistungsschwankungen gebaut, sie dienen nicht zur Energiespeicherung aus Windkraftwerken. Um auch dafür einen Beitrag zu leisten, ist eine Vergrößerung des Oberbeckens geplant und zwar durch Erhöhung des Wasserspiegels um 1,50 m. Die Leistung der Turbinen und Generatoren muss erhöht und mehr Platz für Wasser im Unterbecken geschaffen werden. Für den Ausbau sind 300 Millionen Euro vorgesehen. Damit soll eine Leistungssteigerung von 300 MW erreicht werden. Nach der Inbetriebnahme im Jahr 2016 wird die Gesamtleistung 900 MW betragen. Das Beispiel soll deutlich machen, welcher Aufwand bei der Errichtung von Pumpspeicherwerken anfällt.

Zuerst müssen neue Standorte gefunden werden, und das meist in Gegenden, die vom Tourismus leben. Wenn man nicht betonierte Becken haben will, muss der Untergrund wasserdicht sein. Damit scheiden Gebiete mit Kalkgestein weitgehend aus, da das Wasser versickern könnte. Man braucht genügend Platz für die Errichtung der Ober- und Unterbecken mit genügend großem Fassungsvermögen und eine möglichst große Höhendifferenz. Sie sollen auch nicht weit voneinander entfernt sein. Eine große unterirdische Kaverne zu schaffen wie bei Waldeck 2 scheidet wegen der Kosten praktisch aus.

Die Kosten für die Maschinen eines Pumpspeicherwerks sind 1,5 Mal so hoch wie für ein normales Wasserkraftwerk.

Man braucht Pumpen und Turbinen, der Motor für die Pumpe kann auch als Generator gebraucht werden. Es finden auch reversibel einsetzbare Pumpturbinen für Pump- und Generatorbetrieb Anwendung. Man muss dabei allerdings einen geringeren Wirkungsgrad in Kauf nehmen.

Bei der betriebswirtschaftlichen Kostenrechnung ist zu bedenken, dass das Kraftwerk auch für eine gewisse Zeit stillstehen kann, wenn kein Überschuss oder Mangel an Strom abgedeckt werden muss. Erst nach den Erfahrungen im praktischen Betrieb kann abgeschätzt werden, wie hoch die Stillstandskosten sind, die dem Strompreis hinzugeschlagen werden müssen.

Was die Planungs- und Bauzeit für neue Pumpspeicherwerke anbelangt, muss realistisch mit Jahrzehnten gerechnet werden. Es ist also völlig ausgeschlossen und eine Utopie, dass bis zum endgültigen Abschalten der Kernkraftwerke die nötige Speicherleistung von 17.000 MW bereitgestellt werden kann. Ohne diese hat aber auch der Bau von 200.000 Windrädern keinen Sinn.

Die Tatsache, dass wegen des unregelmäßigen und nicht bedarfsgerechten Anfalls der erneuerbaren Energie eine Speicherung unumgänglich ist, stellt das Hauptproblem der Energiewende dar. Es wird zwar über Energiespeicherung gesprochen, aber nicht über die Konsequenzen. Diese werden von den Naturgesetzen bestimmt. Bei der Windkraft wurde angenommen, dass 15 % der erzeugten Energie nicht direkt genutzt werden, also über Speicher laufen. Bei der Solarenergie weiß man genau: 50 % müssen gespeichert werden, nachts scheint keine Sonne.

Die Berechnung des Flächenbedarfs für Solarzellen bei der Annahme, dass die Kernkraft komplett durch Solarzellen ersetzt werden soll, ergab, dass für ein Kernkraftwerk 140 km² Solarzellen zu installieren sind. Stillschweigend wird dabei vorausgesetzt, dass überschüssige Energie gespeichert und in der gleichen Menge aus dem Speicher wieder entnommen werden kann. Das ist aber naturgesetzlich nicht möglich. Das Schlüsselwort heißt Wirkungsgrad. Von dieser abstrakten, aber doch leicht verständlichen Größe hört man bei der ganzen Energiediskussion so gut wie nichts. Sie ist aber entscheidend.

Ein Pumpspeicherwerk gibt als Folge der Wirkungsgradverluste der Motoren, Pumpen, Turbinen und Generatoren nur ein Viertel des eingeleiteten Stromes wieder zurück. Der dadurch fehlende Strom muss von den Energiequellen geliefert werden. Betrachtet man die Solarenergie, so sind das Solarzellen. Wie viele werden für den Mehrbedarf gebraucht?

Zu dem Ergebnis kommt man am leichtesten über den bereits errechneten Flächenbedarf. Für den Ersatz der Leistung eines Kernkraftwerks von 1.000 MW müssen 140 km² mit Solarzellen bedeckt werden. Die Hälfte davon wird für den Strombedarf bei Tageslicht, die andere Hälfte für die Zeit der Dunkelheit gebraucht. Diese muss aus dem Speicher kommen.

Wegen der Verluste im Speicher muss bei Pumpspeicher-werken das Vierfache an Energie eingeliefert werden, ¾ davon gehen verloren. Diese Verluste müssen ebenfalls durch Solarzellen erbracht werden. Man braucht also für die Stromlieferung bei Nacht nicht den Strom aus Zellen einer Fläche von 70 km², sondern das Vierfache, eine Fläche von 280 km². Insgesamt muss also als Ersatz der Leistung eines einzigen Kernkraftwerks eine Fläche von 350 km² mit Solarzellen überdeckt sein. Für den Ersatz der Leistung der 17 deutschen Kernkraftwerke durch Solarenergie ergibt sich ein Flächenbedarf von rund 6.000 km². 6.000 km² mit Solarzellen bedeckt, darunter alles abgeschattet, das ist in unserem Land nicht vorstellbar. Das mag in Wüstengebie-ten möglich sein, in Deutschland nicht. Es erübrigt sich auch, eine Kostenabschätzung vorzunehmen.

Die Berechnung über den Flächenbedarf wurde vorge-nommen, weil sich die Unmöglichkeit des Vorhabens so am leichtesten darstellen lässt. Es ist von jedem leicht nachzu-rechnen. Die Konsequenz kann nur lauten: Konventionelle Kraftwerke sind unverzichtbar. Je eher sich diese Einsicht durchsetzt, umso besser, bevor der Weg in die Energie-wende, der ein Irrweg ist und ins Nichts führt, noch weiter beschritten wird. Der Grund für die Unmöglichkeit, den Energiebedarf in Deutschland durch erneuerbare Energien zu decken, ist, physikalisch ausgedrückt, die Tatsache, dass die Energiedichte dieser Energien in unserem Land zu gering ist.

Was die Windkraft betrifft, so ist die Energiedichte bewegter Luft über dem Meer erheblich größer als im Inland. Es ist daher nur folgerichtig, dass man Windparks vor der Küste oder im offenen Meer errichtet. Dort weht der Wind nicht nur stärker, sondern auch gleichmäßiger und ohne Turbulenzen, so dass man bei günstigen Standorten mit einer erbrachten Leistung von bis zu 50 % der installierten Leistung rechnen kann. Das ist 2,5mal so viel wie durchschnittlich im Inland.

Der andere Vorteil bei Windparks auf See ist, dass so eine Zerstörung unserer einmalig schönen Landschaft vermieden werden kann. Das klingt verlockend, aber ist das auch machbar? Wie steht es mit der Wirtschaftlichkeit? Eines ist klar: Man kann nicht einfach Windräder, wie sie im Inland ihren Dienst tun, ins offene Meer stellen. Die Rahmenbedingungen sind dort völlig anders. Das betrifft nicht nur die Baukonstruktion der Anlage, sondern auch das standfeste Fundament, die Montage, die gesamte elektrische Einrichtung und nicht zuletzt die Wartung und Reparatur.

Die Windparks, die in Deutschland gebaut werden, unterscheiden sich grundsätzlich von denen in Dänemark und Großbritannien. Dort stehen sie im Flachwasser in Entfernungen von bis zu 10 km vor der Küste, also in Sicht- und Reichweite. Die von Deutschland in Angriff genommenen Windparks sollen, in erster Linie in der Nordsee, in Entfernungen von 40 bis zu 100 km vor der Küste stehen. Das Wattenmeer soll auf jeden Fall für den Naturschutz reserviert bleiben. Wenn man Windkraftanlagen in diesen Gebieten baut, dann lohnen sich keine leistungsschwachen Windräder. In Wassertiefen von 40 m sollen sie 150 m über der Wasseroberfläche emporragen, so hoch wie der Kölner

Dom. Die riesigen Rotoren von 60 m Durchmesser müssen einem gewaltigen Winddruck standhalten. Die Kraft wird auf den Mast übertragen, der entsprechend stabil ausgeführt und standfest aufgestellt werden muss. Das fängt mit der Untersuchung des Untergrundes an. Man kennt zwar die Geologie des Meeresbodens, aber hier geht es um den genauen Standort. Kein Mast darf umfallen oder auch nur in Schieflage geraten.

Je nach der Beschaffenheit des Untergrundes wird entschieden, ob man einen stabilen Pfeiler in den Meeresboden rammt oder ein dreibeiniges Basisgestell vorsieht. Einen Pfahl von 5 m Durchmesser in den Boden zu treiben, ist mit kaum vorstellbaren Schwierigkeiten verbunden. Und das in der offenen See, unter Wasser, und bei nicht immer optimalen Wetterbedingungen. Man kann nur auf Erfahrungen zurückgreifen, die bei der Gründung von Pfeilern für Brücken gemacht wurden.

Ein anderes Verfahren der Fundamentierung ist das Schwerkraftfundament. Bei dieser zunehmend angewandten Methode wird ein bis zu 8.000 Tonnen schwerer Betonblock auf den Meeresboden versenkt. Diese Masse ist nötig, um den 400 bis 600 Tonnen schweren Turm und das 400 Tonnen schwere Maschinenaggregat mit dem Rotor standfest zu tragen. Auf den Unterbau wird der Mast gesetzt, der an der Spitze den Rotor und den Generator trägt. Der Mast ist hohl. Im unteren Bereich hat er eine Öffnung, zu der eine Außentreppe führt. Sie ist so angelegt, dass auch bei wechselndem Wasserstand je nach Gezeiten die Tür stets erreichbar ist. Auf der Höhe des Generators hat der Mast eine Arbeitsplattform für Wartung und Reparatur. Es ist nicht auszuschließen, dass die Arbeiten mehrere Tage dauern, oder dass bei einem Wetterumschlag die Mannschaft nicht zurückgebracht werden kann. Für einen solchen Fall muss im Mast ein Aufenthaltsraum vorgesehen sein mit Übernachtungsmöglichkeit, einem Vorrat an Lebensmitteln und mit den nötigen sanitären Einrichtungen. Das sind zusätzliche Anforderungen, die bei Windrädern an Land nicht bestehen.

Abb. 9: Montage von Windrädern auf See

Die Montage der Windkraftwerke auf See ist eine gewaltige Herausforderung mit großem technischem Aufwand. Das gilt ganz unabhängig von der Art der angewendeten Montagetechnik. Zwei Verfahren kommen dafür zum Einsatz.

Bei dem einen Verfahren werden die Einzelteile der Anlage, also Mast, Rotor und elektrische Ausrüstung einzeln zum Einsatzort gebracht und dort zusammengebaut. Dafür gibt es leistungsfähige Spezialschiffe, die sowohl für den Transport wie auch für die Montage eingerichtet sind. Sie dienen dort gleichzeitig als Arbeitsplattform. Zu diesem Zweck sind sie mit Hubbeinen ausgerüstet, die am Einsatzort auf den Meeresboden abgesenkt werden. Auf der Fahrt ragen sie turmhoch an den Schiffswänden auf, an der Baustelle heben sie beim hydraulischen Absenken das gesamte Schiff bis über die Wasseroberfläche hoch. Aus dem Schiff ist eine temporäre feste Insel im Meer geworden. Die Endmontage kann beginnen. Die Hauptarbeit leistet ein Kran für eine Nutzlast von 1.000 t bei einem Ausleger von 25 bis 30 m. Mast, Generator und Rotor werden komplett zusammengebaut und in die endgültige Stellung gebracht. Der Einsatz eines anfangs noch benötigten Schwimmkrans kann entfallen.

Ein weiteres Verfahren, das bevorzugt bei Großanlagen eingesetzt wird, sieht eine Komplettmontage an Land vor. Turm, Generator und Rotor an einem Stück, und, wenn vorgesehen, auch das Schwerkraftfundament werden auf einem Spezialschiff an den Aufstellungsort gebracht. Auch ein solches Schiff hat Hubbeine und einen entsprechend leistungsfähigen Kran. Solche Schiffe sind für den zügigen Aufbau der Windparks auf See noch längst nicht in der genügenden Anzahl vorhanden.

Im Aufbau ist der Windpark „Alpha Ventus" in der Nordsee 45 km vor Borkum mit 12 Windrädern in der ersten Ausbauphase von je 5 MW installierter Leistung. Im Endausbau soll der Windpark 80 Windräder umfassen mit einer installierten Gesamtleistung von 400 MW. Ein gewaltiges Vorhaben! Erbrachte Leistung voraussichtlich im Durchschnitt 200 MW, 1/5 der Leistung eines Kernkraftwerks. Über die in Zeiten der Flaute erforderliche Speicherleistung wird nicht gesprochen. Welche Speicherleistung erforderlich ist, hängt von der Stromlieferung des Windparks ab. Sie kann sehr unterschiedlich sein. Unter Windstärke 3 bleiben die Windräder abgeschaltet, bei Windstärke 8 werden sie aus dem Wind gedreht und stillgelegt. Ein schwerer Sturm soll keinen Schaden anrichten.

Was für die Windräder selbst und die Montage gilt, gilt auch für die elektrische Einrichtung. Sie muss ebenfalls besondere Bedingungen erfüllen. Meerwasser kann erheblichen Schaden anrichten, es fördert die Korrosion und leitet den elektrischen Strom. Vor allem muss es von den Generatoren ferngehalten werden. Sie haben zwar einen genügenden Abstand von der Wasseroberfläche, aber die Blätter der Rotoren können bei entsprechenden Windverhältnissen vom Meerwasser benetzt werden. Die Gefahr, dass das Wasser verspritzt wird und zu den Generatoren gelangt, besteht. Die ganze elektrische Anlage muss wasserdicht abgekapselt sein. Das ist alles mit hohem Aufwand verbunden und teuer, aber Reparaturen mit vielleicht längerem Ausfall der Anlage wären noch teurer.

Da sich die Windräder nicht gleichförmig mit gleicher Drehzahl drehen, kann der gelieferte Strom nicht direkt in das Stromnetz eingespeist werden. Er muss aufbereitet werden.

Stehen die Windräder nicht allzu weit von der Küste entfernt, führt man von jedem einzelnen Windrad ein eigenes Stromkabel zu einer zentralen Station an Land. Auf hoher See muss diese Station in der Nähe des Windparks liegen. Dort wird der Strom von jedem einzelnen Windrad erfasst und so aufbereitet, dass er über ein einziges Gleichstrom-Hochspannungskabel an Land geleitet werden kann. Die vorgesehene Station muss der Leistung der Windräder entsprechen, also für 400 MW ausgelegt sein. Auch da gibt es technisches Neuland zu betreten, besonders was die Gleichrichtung des von den Windrädern in unterschiedlicher Spannung und Stärke eingehenden Drehstroms betrifft. Störungen darf es nicht geben. Die Kosten der Station werden in der gleichen Höhe wie für die 60 Windräder veranschlagt. In einer weiteren Station an Land erfolgt die Umsetzung in Wechselstrom für die Netzeinspeisung. Der Strom von einem Windpark auf hoher See ist teuer. Eine Kostenabschätzung erfolgt später.

Ein weitere Punkt findet ganz selten Beachtung: Windräder arbeiten nicht geräuschlos, besonders die großen Windräder. Viele Windräder machen viel Lärm. Auch wenn man annimmt, dass Lärm auf hoher See und weit von der Küste nicht stört, gibt es auch dafür Grenzen. Eine Lärmobergrenze wurde festgelegt, und zwar 160 Dezibel. Das ist ganz schön laut.

2.7. Die Wasserstofftechnologie

Die Wasserstofftechnologie soll mithelfen, die Energieprobleme zu lösen. In den Medien erscheinen darüber lange Berichte, aber den Kern des Problems berühren sie meist nicht.

Die Idee ist, das Gas Wasserstoff als Energieträger vielseitig zu verwenden. In der Atmosphäre gibt es kein Wasserstoffgas. Es entweicht nach oben wie ein Luftballon, den ein Verkäufer auf dem Jahrmarkt aus einer Druckgasflasche mit Wasserstoff gefüllt hat. Wasserstoff gibt es nur in chemischen Verbindungen, von denen das Wasser die bekannteste ist. Das ist auf der Erde reichlich vorhanden. Um daraus das Gas Wasserstoff zu gewinnen, benutzt man den Vorgang der Elektrolyse, bei der durch die Energie des eingeleiteten Stromes die Elemente Wasserstoff und Sauerstoff getrennt werden. Um die Bindung der Atome zu lösen, ist also Energie nötig. Reines Wasser leitet den Strom nicht, es ist ein Isolator und muss für die Elektrolyse durch einen Zusatz von Säure oder Salz erst leitfähig gemacht werden.

Meerwasser ist Salzwasser, es enthält gelöstes Kochsalz, chemisch Natriumchlorid. Nun erhält man zwar bei der Elektrolyse Wasserstoff und Sauerstoff, aber auch unerwünschte Nebenprodukte wie Natronlauge und Chlorgas. Chlor ist außerordentlich giftig, Natronlauge auch nicht gerade erwünscht. Meerwasser scheidet dadurch für die direkte Elektrolyse zur Wasserstoffgewinnung aus, es muss erst entsalzt werden. Steht nur Meerwasser zur Verfügung, ist eine energieaufwendige Destillation nötig. Hat man das entsalzte Meerwasser oder Süßwasser aus natürlichen Quellen, braucht man für die Elektrolyse Gleichstrom. Der Wechselstrom aus dem Netz muss gleichgerichtet werden.

Diese Energieumwandlung hat Verluste zur Folge, bei der Gleichrichtung etwa 5 %. Der Vorgang der Elektrolyse läuft auch nicht ohne Energieaufwand ab, so dass der erzeugte Wasserstoff die Energie von 60 % des eingeleiteten Stromes hat. Bei der Beurteilung der Effizienz der Wasserstofftechnologie muss dies beachtet werden.

Wasserstoff ist ein nicht leicht zu handhabendes Gas. Es stellt besondere Anforderungen. Der Grund dafür ist, dass die Wasserstoffmoleküle klein sind, viel kleiner als bei anderen Gasen. Wasserstoff dringt durch die kleinsten Poren, es ist sogar in der Lage, in das Kristallgitter eines Metalls einzudringen, und trägt damit zur Versprödung bei. Ein Wasserstoff-Luft-Gemisch ist hochexplosiv im Konzentrationsbereich von 5 bis 95 %, und das bei niedriger Zündtemperatur.

Der Autor hat selbst seine Erfahrung damit gemacht. Für die Aufgabe, Übertragerbleche in reinem Wasserstoff zu glühen, stand ein besonderer Ofen zur Verfügung. Um den anzufahren, gab es eine detaillierte Beschreibung, alles war umständlich und zeitraubend. Als Berufsanfänger und junger Physiker von der Hochschule weg wusste er es angeblich besser. Er wurde aber eines Besseren belehrt. Eines Morgens lag der Ofen in Trümmern. Er war in der Nacht explodiert. Der Respekt vor Wasserstoff ist seitdem geblieben.

Hat man den Wasserstoff, muss die Frage der Speicherung geklärt werden. Speicherung in unterirdischen Kavernen, die für Erdgas geeignet sind, kommt für Wasserstoff nicht in Betracht. Die sicherste Lagerung ist in Druckgasflaschen.

Das Gas muss komprimiert werden, die zur Kompression aufgewendete Energie geht dabei verloren.

Bei der Rückgewinnung der Energie aus dem Wasserstoff kann man verschiedene Wege gehen. Automotoren, die für Benzin als Kraftstoff geeignet sind, lassen sich nach geringen Änderungen auch mit Wasserstoff betreiben. Es gab einmal das Projekt, den Wasserstoff dafür in verflüssigter Form in einem Tank mitzuführen. Wasserstoff ist im Bereich von -253 °C bis -259 °C flüssig. Darunter ist er fest, darüber gasförmig. Eine Wärmeisolierung für einen Tank, in dem der Wasserstoff in flüssigem Zustand für längere Zeit aufbewahrt werden kann, gibt es nicht. Das gleiche gilt für den Tank in der Tankstelle, der eine dauernde Nachkühlung erfordert hätte. Das Projekt „Flüssigwasserstoff" wurde bald wieder beendet, auch im Auto müsste der Wasserstoff in Druckgasbehältern mitgeführt werden.

Ähnlich wie mit einer Biogasanlage kann man auch bei Wasserstoff mit einer Kombination Motor - Generator wieder elektrischen Strom zurückgewinnen. Es wäre allerdings die denkbar schlechteste Lösung. Wegen der Wirkungsgradverluste der ganzen Umsetzungskette würden am Ende nicht einmal 15 % der ursprünglich bei der Elektrolyse aufgewendeten Energie zurückgewonnen.

Wesentlich besser wäre der Weg über ein Dampfkraftwerk. Er bietet sich geradezu an, weil damit der bei der Elektrolyse anfallende Sauerstoff verwendet werden könnte. Ein Endwirkungsgrad von 35 % ist dabei zu erwarten. Aber die für die hohe Verbrennungstemperatur geeignete Kesselanlage wäre teuer und muss erst noch entwickelt werden. Eine solche gibt es noch nicht.

Der eindeutig günstigste Weg mit dem bestmöglichen Wirkungsgrad wäre die Stromrückgewinnung über eine Brennstoffzelle. Stationäre Brennstoffzellen, die bei Temperaturen um 1.000 °C arbeiten, haben einen Wirkungsgrad von bis zu 75 %. Der Gesamtwirkungsgrad dieser Variante der Wasserstofftechnologie würde fast 45 % betragen.

Alle diese Überlegungen werden von einer anderen Vorstellung verdrängt, von der man sich Erfolg und Realisierung verspricht. Wasserstoff soll in einer chemischen Umsetzung mit Kohlendioxid in Methan verwandelt werden. Methan ist der Hauptbestandteil von Erdgas, und mit diesem umzugehen, hat man genug Erfahrung.

Auch bei diesem Verfahren stellt sich die Frage nach dem Wirkungsgrad. Schon eine einfache Abschätzung lässt nichts Gutes erwarten. Der durch Elektrolyse erzeugte Wasserstoff enthält 60 % der dafür aufgewendeten Energie. Wenn die großtechnische Umwandlung in Methan wirklich mit einem Wirkungsgrad von 50 % zu schaffen ist, dann enthält das so erzeugte Methan 30 % der ursprünglich aufgewendeten Energie. Eine weitere Energieumwandlung zurück in elektrische Energie lässt den Gesamtwirkungsgrad auf 15 bis 20 % schrumpfen. Das sind noch recht optimistische Zahlen. Dieser Weg der Energiespeicherung würde also zu Verlusten von 80 bis 85 % führen. Es muss dafür auch die nötigen Speicher für das Erdgas geben. Es ist ein Irrtum, wenn gesagt wird, das ausgedehnte Erdgasnetz steht dafür zur Verfügung. Die Leitungen sind zur Verteilung von Erdgas eingerichtet und werden dafür benötigt. Unterirdische Erdgaslager gibt es nur begrenzt, und oberirdische Gasometer müssten erst in der nötigen Anzahl gebaut werden.

Zu errichten wären auch die Elektrolyseanalgen und die Anlagen zur Umwandlung von Wasserstoff in Methan. Dafür wären komplette chemische Fabriken zu errichten. Diese sind noch nicht einmal in der Planungsphase, man weiß noch nicht einmal, wie das alles großtechnisch durchgeführt werden soll. Alles in allem sollte man den Wasserstoff und die Wasserstofftechnologie für die Energiespeicherung vergessen. Aber ohne Speichermöglichkeit von elektrischer Energie ist auch die Errichtung von Windkraft- und Solaranlagen sinnlos.

Auf eine notwendige Folge der geplanten dezentralen Energieversorgung wurde noch nicht hingewiesen: Man braucht Stromleitungen. Von jedem Windrad muss eine Leitung zu einer zentralen Station geführt werden, wo der Strom einer Gruppe zusammengeführt wird. Diese Stationen werden untereinander wieder durch Leitungen verbunden. Rechnet man für jedes Windrad mit einer Leitung von 1 km Länge, dann braucht man 200.000 km neue Stromleitungen. Das ist eine Strecke, die 5mal um den Erdball reicht. Selbst wenn man der Meinung ist, dass sich Windmangel und Überfluss weitgehend ausgleichen und man nur 100.000 Windräder braucht und somit auch entsprechend weniger Speicherleistung, sind das immer noch 100.000 km neue Leitungen, 2,5mal um die Erde.

Von den Windparks auf hoher See wird viel erwartet, es soll hauptsächlich Strom zu den windschwachen Gebieten in Süddeutschland geleitet werden. Dafür sind neue 380 kV-Leitungen vorgesehen mit Längen von 500 bis 1.000 km. Ist das alles machbar? Wie viel Aluminium wird da in die Luft gehängt? Wer liefert diese Hochspannungsleitungen, die aus einem Tragseil aus Stahl bestehen, das die darüber geflochtenen Aluminiumdrähte hält? Planungs- und Genehmigungsverfahren brauchen viel Zeit, und wenn die Anwohner erfahren, was ihnen bevorsteht, ist mit vielen Einspruchsverfahren zu rechnen, die die Gerichte überfordern werden. Und nicht zuletzt: Was kostet das alles?

2.8. Holzpellets

Im Zusammenhang mit den erneuerbaren Energien muss auch die Erzeugung von Wärme durch die Verbrennung von Holzpellets erwähnt werden. Holz ist das älteste Heizmaterial überhaupt und kommt zu einer gewissen Renaissance. Als besonderer Vorteil wird dabei herausgestellt, dass die Verbrennung „klimaneutral" sei, womit gemeint ist, dass dabei nur so viel Kohlendioxid in die Atmosphäre gelangt, wie vorher beim Wachstum des Holzes aus ihr entnommen wurde. Dieser angebliche Vorteil setzt voraus, dass man an der Ansicht, das CO_2 hätte wesentlichen Einfluss auf das Klima der Erde, festhält.

Die Verwendung von Pellets zum Heizen wird gefördert, ohne darauf hinzuweisen, dass zur Herstellung viel Energie aufgewendet werden muss. Es ist weiter ein Irrtum, dass Pellets hauptsächlich aus Abfallholz hergestellt werden. Die maschinelle Herstellung erfordert Nutzholz aus möglichst einheitlichen Baumstämmen. In Deutschland gibt es einige kleinere Pelletfabriken, die großen befinden sich in den waldreichen Gebieten von Russland, Brasilien und den Vereinigten Staaten. So wird im Bundesstaat Georgia eine vom Energiekonzern RWE mit einem Investitionsaufwand von 120 Millionen Euro errichtete Großanlage betrieben, in der jährlich etwa 1 Million Tonnen Pellets hergestellt werden. Der Standort ist günstig gewählt wegen der Sumpfkiefern, die dort in Plantagen heranwachsen und wegen der günstigen Stromkosten von 3,5 Cent pro Kilowattstunde.

Im Herstellungsprozess werden die Stämme zunächst von der Rinde befreit, indem sie durch eine sich langsam drehende riesige Trommel geführt werden. Anschließend werden sie in einem Schneidwerk mit scharfen Messern in kleine Stücke zerteilt. Diesen muss für die Weiterverarbeitung erst die Feuchtigkeit entzogen werden. Das geschieht in geheizten und gut belüfteten Kammern. Die Heizwärme wird zum Teil durch Verbrennung der Rinde erzeugt. Im Übrigen steht, wie auch für den Verarbeitungsprozess, billiger Strom zur Verfügung. Es folgt ein weiterer Zerkleinerungsvorgang bis auf die Größe von Haferflocken, wobei auch der letzte Rest von Feuchtigkeit entzogen wird. Dann treten die Pressen in Aktion, die die Masse in die endgültige pillengroße Form pressen. Alles in allem ist das ein sehr energieaufwendiger Herstellungsvorgang, die Verwendung der Pellets zur Erzeugung der Prozesswärme wäre viel zu teuer.

Die Pellets sind nur zu einem geringen Teil für USA bestimmt, die große Menge wird in Tankschiffen nach Europa befördert. In den Niederlanden und in Großbritannien dienen sie zur Beheizung thermischer Kraftwerke. Für Kraftwerke, die für Kohlenstaub eingerichtet sind, werden sie zu Holzmehl zermahlen. Trotz dieses Aufwands lohnt sich die Sache. In Großbritannien wird dieser „grüne Strom" mit je 10 Cent pro Kilowattstunde subventioniert.

2.9. Ein Zwischenergebnis

Bei allen bis jetzt vorgestellten Betrachtungen wurde die Annahme gemacht, dass die 17 in Deutschland errichteten Kernkraftwerke außer Betrieb gehen und durch erneuerbare Energien ersetzt werden sollen. Das Ergebnis dieser Analyse ist die Feststellung, dass das nicht machbar ist, weder in der vorgesehenen Zeit noch irgendwann später.

Solarenergie scheidet von vorherein aus, die benötigte Fläche ist nicht vorhanden, die benötigten Energiespeicher sind weder bezüglich der Leistung noch der Speichermenge realisierbar. Trotz aller Bemühungen der Befürworter und trotz einer überzogenen staatlichen Förderung werden bis jetzt nur knapp 2 % der Energie durch Solarstrom erbracht.

Bei der Windkraft sind zwar die Verhältnisse günstiger, aber sie reicht auch nicht aus.

Man sollte meinen, dass diese Erkenntnis den Verantwortlichen hätte kommen müssen. Es wurde eine Sache in Auf-

74

trag geben, ohne zu fragen, ob sie lieferbar ist und was sie kostet. Der Grund für das Scheitern ist leicht zu erkennen. Physikalisch ausgedrückt lautet er: Die Energiedichte erneuerbarer Energien ist in Deutschland zu gering. Sie reicht nicht für den Ersatz der Kernkraft und schon gar nicht für den Ersatz der thermischen Kraftwerke aus. Insgesamt wäre der 3fache Betrag an erneuerbarer Energie nötig. Das ganze Vorhaben der Energiewende sollte so schnell wie möglich beendet werden.

3

Die Rechnung, bitte!

Eine betriebswirtschaftlich korrekte Kostenberechnung für die Energiewende ist nicht möglich. Schon eine überschlägige Abschätzung führt zu dem Ergebnis, dass die Rechnung dafür jedes vorstellbare Maß übersteigt. Die Energiewende ist nicht bezahlbar.

„Umsonst ist nichts zu haben." Das ist die Redensart, wenn man nach den Kosten der Energiewende fragt. Zahlen werden nicht genannt. Man vermisst die Vorstellung, was alles mit der Energiewende zusammenhängt. Eine detaillierte Kostenanalyse für sämtliche erneuerbaren Energien ist umfangreich und würde den Rahmen dieses Buches weit übersteigen. Allein die Kosten der Stromerzeugung durch die Solaranlagen auf den Dächern sind kaum zu ermitteln. Selten entspricht eine Dachneigung, selten eine Südausrichtung dem optimalen Wert für die Effizienz der Zellen. Dass die Solarenergie teuer ist, zeigt schon die überzogene Förderung nach dem Energieeinspeisungsgesetz. Die Energieformen, die heute nur im niedrigsten Prozentbereich zur Stromversorgung beitragen, werden auch in Zukunft keine Rolle spielen.

Eine Mischung von verschiedenen erneuerbaren Energieträgern führt zwangsläufig zu einer Verteuerung und ist daher nicht sinnvoll. Die Zusammenstellung der heutigen Stromquellen gibt einen guten Überblick.

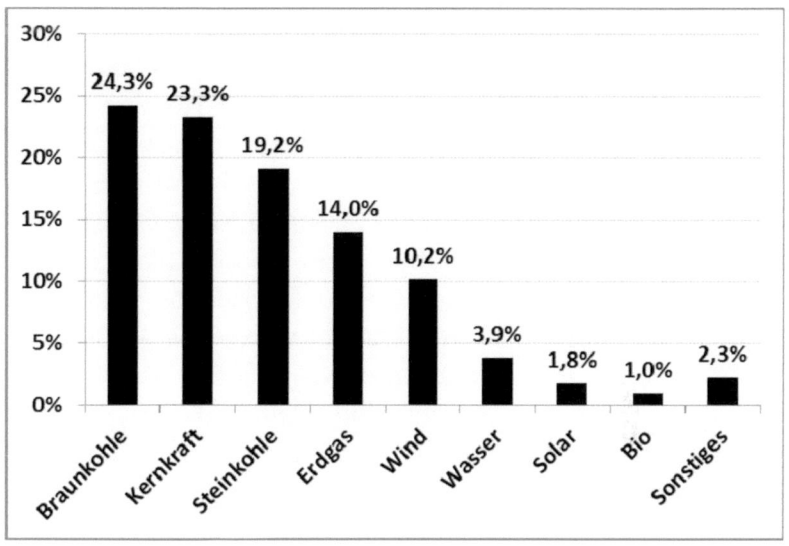

Abb. 10: Heutige Stromquellen im Überblick/Stand 2010 (G. Krüger)

3.1. Windkraft

Wenn mit der Windenergie die Energiewende nicht gelingt, dann gelingt sie auch mit anderen Energiequellen nicht. Bei der Frage nach den Kosten kommt man um ein wenig Rechnen nicht herum. Ausgangspunkt der Berechnung ist die Windenergie mit den Windrädern und allem, was sonst noch dazugehört. Das sind die Energiespeicher, die Leitungen, die das Ganze verbinden in Form von Erdkabeln und Freileitungen sowie die Planungs- und Genehmigungsverfahren, die auch bezahlt werden müssen.

Wenn man in der Industrie nachfragt, dann erfährt man: Ein Windrad für die Aufstellung an Land kostet einen Euro pro Watt Nennleistung, für die Aufstellung auf hoher See das Dreifache. Das heißt, ein Windrad an Land mit der Nennleistung 500 Kilowatt kostet 500.000 Euro, ein Windrad mit 1 MW 1 Million Euro. Für den Ersatz der Kernkraft ohne Berücksichtigung der Speicherverluste würden 85.000 Windräder mit einer Nennleistung von je 1 MW gebraucht, ein Kostenaufwand von 85.000 Millionen Euro. Große Zahlen haben ihr Geheimnis, man kann sie sich nicht vorstellen, man braucht Vergleiche. 85.000 Millionen Euro, das heißt, jeder Bürger unseres Landes würde mit 1.000 Euro belastet. Aber wegen der Speicherverluste reichen diese Windräder nicht, man kommt mindestens auf das Doppelte. Die Rechnung dafür kommt, und sie muss termingerecht bezahlt werden.

Aber das reicht noch lange nicht. Ohne Speicher kann die Windkraft nicht zuverlässig Strom liefern, Energiespeicher sind unabdingbar für Zeiten der Flaute. Die benötigte Ersatzleistung liegt in der Größenordnung von 450 Walchenseekraftwerken. Was diese kosten werden, kann niemand genau angeben. Auf Grund der Erfahrungen mit den Waldeck-Pumpspeicherwerken muss mit einigen 100 Milliarden gerechnet werden. Das sind Summen, die einfach nicht vorstellbar sind und niemals erbracht werden können.

Das ist aber immer noch nicht alles, es fehlen noch die Kosten für das erforderliche Leitungsnetz. Ein Kilometer 380-Kilovolt-Hochspannungsleitung kostet zwischen 800.000 und 1,5 Millionen Euro; für die 110-kV-Leitungen liegen die Kosten geringfügig darunter. Für Erdkabel müssen pro Kilometer 5 bis 6 Millionen Euro veranschlagt werden. Insgesamt summieren sich die Kosten auf einige 100 Milliarden Euro. Wer bezahlt das alles? Bis zum Jahr 2022 müssen dafür immense Schulden aufgenommen werden. Bezahlt werden muss das von den nachfolgenden Generationen.

Bei dieser Kostenabschätzung wurde nur die Windkraft von Windrädern auf Land in Betracht gezogen. Windräder auf hoher See sind zwar bis zu 3mal so effektiv, aber auch 3mal so teuer. Dazu kommen noch die hohen Kosten für die schwierige Montage und Wartung sowie für die Umspannwerke auf See. Der Windstrom von dort ist teuer, etwa doppelt so teuer wie der von Land.

3.2. Solarenergie

Auf eine Kostenanalyse von Solarstrom soll verzichtet werden. Die Kosten sind etwa 2,5mal so hoch wie bei Windstrom. In der Hauptsache liegt der Grund in der hohen erforderlichen Speicherleistung mit den hohen Wirkungsgradverlusten. Zu Buche schlägt auch die Vielzahl der nötigen Anschlussleitungen für die einzelnen Anlagen.

3.3. Wasserstofftechnologie

In diesem Zusammenhang soll noch kurz auf die Kosten der Wasserstofftechnologie eingegangen werden, obwohl die Realisierung an der Fülle der technischen Probleme scheitern wird. Eine großtechnische Umsetzung ist noch nicht in Sicht. Man braucht für die Elektrolyse Gleichstrom, und zwar billigen Strom. Dafür Windstrom oder Solarstrom zu verwenden, wäre viel zu teuer. Bei der Elektrolyse von Wasser erhält man zu 2/3 Wasserstoff und 1/3 Sauerstoff. Für den Sauerstoff muss eine Verwendung gefunden werden, ihn einfach wieder in die Luft zu entlassen, wäre wirtschaftlicher Unsinn. Beide Gase müssen, wenn sie direkt gelagert werden sollen, komprimiert werden, was zum Verlust der Kompressionsenergie führt. Es ist sinnvoll, für Wasserstoff die Umsetzung mit CO_2 in einer angeschlossenen chemischen Fabrik vorzunehmen. Die Investition für den Komplex geht in den Milliardenbereich. Das Methan, das am Ende herauskommt, ist teuer, viel teurer als das importierte Erdgas. Man muss sich auch überlegen, ob das in Schieferformationen enthaltene Erdgas, das auch in Deutschland vorhanden ist, nicht billiger gefördert werden kann. Bei der Wasserstofftechnologie machen die Wirkungsgradverluste jede Rentabilität zunichte.

3.4. Kapitalvernichtung

Die Energiewende weg von der Kernkraft und hin zu den erneuerbaren Energien ist auch mit einer gewaltigen Kapitalvernichtung gekoppelt, auf die kaum einmal hingewiesen wird. Die 17 voll funktionsfähigen Kernkraftwerke stellen ein gewaltiges Kapital dar. Das gilt auch, wenn sie buchmäßig abgeschrieben sind. Sie sind dann nicht wertlos. Es ist die Vernichtung eines enormen Volksvermögens, die kein Politiker verantworten kann. Nur kann er nicht zur Verantwortung gezogen werden, wie sich das eigentlich gehört. Es ist

80

ein Kapital, das von der heute lebenden Gesellschaft erwirtschaftet wurde.

Die Investitionskosten für ein neues Kernkraftwerk können aus den Neubauten in anderen Ländern entnommen werden. Danach lässt sich ein Kostenaufwand von etwa 3 bis 3,5 Milliarden Euro für 1.000 MW installierte elektrische Leistung für ein neues Kernkraftwerk ermitteln. Dabei wird der Bau eines Druckwasserreaktors mit einer Leistung von 1.600 MW pro Reaktoreinheit unterstellt.

Diese Angaben gestatten einen Vergleich der Investitionskosten von Windkraft und Kernkraft. Die Nennleistung eines Windrades beträgt 1 Watt pro Euro Investitionskosten. Da die erbrachte Leistung nur 20 % der Nennleistung beträgt, liegt diese bei 0,2 Watt pro Euro. Die unverzichtbare Speicherleistung mit mindestens dem Investitionsbedarf wie für die Windräder vermindert die Windleistung auf unter 0,1 Watt pro Euro, oder anders ausgedrückt: 1 Watt Windleistung erfordert einen Investitionsbedarf von 10 Euro. Für ein 1.000-MW-Kernkraftwerk betragen die Investitionskosten 3 Milliarden Euro, also 3 Euro pro Watt. Windkraft erfordert also den 3fachen Investitionsbedarf gegenüber der Kernkraft.

Für den Rückbau der stillgelegten Kernkraftwerke bestehen inzwischen Erfahrungswerte, die eine ungefähre Kostenangabe von etwa 500 Millionen Euro pro Reaktorblock bis zum Zustand „grüne Wiese" erlauben. Für den Rückbau wird ein Zeitraum von zehn Jahren angesetzt, dem eine

Nachbetriebsphase bis zur Trockenlagerung der abgebrannten Brennelemente von rund fünf Jahren vorausgeht.

Die Kosten der Energiewende sind damit noch keineswegs endgültig erfasst. Sie hat auch Auswirkungen auf die Land- und Forstwirtschaft, auf den Fremdenverkehr und erfordert eine Umstrukturierung der Industrie. Allein die Fertigung der vielen Generatoren für die Windräder verlangt den vollen Einsatz der entsprechenden Betriebe, wenn man nicht auf den Import aus China angewiesen sein will, wie das bei den Solarzellen der Fall ist.

Für den Ausfall der Stromlieferung aus Windkraft sollen neue Gaskraftwerke gebaut werden. Das braucht für Planung und Bauausführung bis zur Stromlieferung viel Zeit und kostet Milliarden. Die Gasleitungen müssen gebaut und nicht zuletzt müssen die Lieferverträge abgeschlossen werden. Die für den Einsatz nötigen Mengen müssen bei Bedarf sofort verfügbar sein.

Nirgends wird klargemacht, was alles erforderlich ist. Man muss sich ernsthaft fragen: Hat daran niemand gedacht? Hat niemand nachgerechnet? Umsonst ist das wirklich nicht zu haben. Die Energiewende ist unbezahlbar.

4

Schlussfolgerung

Da die gesetzlich beschlossene Energiewende weder machbar noch bezahlbar ist, sollte man sich davon verabschieden, bevor nicht wiedergutzumachende Fakten geschaffen sind. Eine Wende zu Realismus und Sachkunde ist nötig. Die Macht der Manipulation muss gebrochen und durch die Macht der Vernunft ersetzt werden.

4.1. Realität anerkennen

Der erste Schritt ist die Einsicht, dass die Energiewende weder machbar noch bezahlbar ist. Für einen Großteil der erforderlichen Investitionen stehen die Kosten fest; wo Abschätzungen gemacht wurden, kann es etwas günstiger sein, aber auch kostspieliger. An dem wesentlichen Punkt ist aber nichts zu ändern: Die Energiedichte der erneuerbaren Energien in unserem Land ist für den Ersatz der konventionellen Kraftwerke zu gering. Es sieht zwar idyllisch aus, das Bild von einem Einfamilienhaus mit Solarzellen auf dem Dach, das Elektroauto davor, das mit dem eigenen Strom aufgetankt wird und die Erdwärmeanlage im Vorgarten für die Heizung. Schon die Tatsache, dass bei einem Wohnblock die Dachfläche bei weitem nicht für die Versorgung reicht, zeigt, dass das Ganze eine Illusion ist. Selbstversorgung mit erneuerbarer Energie ist in Deutschland weder machbar noch bezahlbar.

Der nächste Schritt ist, über die Konsequenzen nachzudenken. Wie kann die Energieversorgung gesichert werden, wenn man, vielleicht von den Windkraftanlagen auf hoher See abgesehen, auf die erneuerbaren Energien verzichten will? Da gibt es eine Reihe von Möglichkeiten, die Effektivität zu verbessern. Wissenschaft und Forschung sind gefragt. Das ist alles ein langer Weg, aber die längste Reise beginnt mit dem ersten Schritt. Und das bedeutet: Schluss mit den Subventionen für die erneuerbaren Energien. Subventionen sind Gift für die Wirtschaft. Jedem muss das klargemacht werden, und zwar mit der gleichen Intensität, mit der jetzt für die Energiewende geworben wird.

Erneuerbare Energien sind mit Energiespeicherung untrennbar verbunden. Eine Speicherkapazität in der erforderlichen Größe ist weder machbar noch bezahlbar. Wegen des schlechten Wirkungsgrades sind Speicher eine reine Energieverschwendung. Das sind fundamentale Tatsachen. Die Konsequenz ist, dass es auch in Zukunft konventionelle Kraftwerke geben muss. Diese zu optimieren, ist die Aufgabe. Was sofort in Angriff genommen werden könnte, ist die Aufrüstung der thermischen Kraftwerke auf den neuesten technischen Stand.

4.2. Kohle

Gegen die Kohlekraftwerke gibt es einen realitätsfernen Widerstand, weil das in den Abgasen enthaltene Kohlendioxid klimaschädlich sei. Man fragt gar nicht, ob die von den deutschen Kohlekraftwerken erzeugte Menge gegenüber dem schon von Natur aus in der Atmosphäre enthaltenen CO_2 einen Einfluss haben kann. Sie ist ohne Bedeutung. Der Anstieg der CO_2-Konzentration in den letzten 100 Jahren ist nicht auf menschliche Einflüsse zurückzuführen, sondern auf die Erderwärmung durch eine Zunahme der Sonneneinstrahlung. Kohlendioxid ist die Grundlage für den Pflanzenwuchs überhaupt, und je mehr Pflanzen für die Ernährung und Bekleidung der wachsenden Weltbevölkerung angebaut werden müssen, umso mehr CO_2 wird dafür benötigt. Kurz gesagt, CO_2 ist kein Schadgas, sondern ein wertvolles, unverzichtbares Nutzgas. Es besteht überhaupt kein Grund, auf Kohlekraftwerke zu verzichten. Die Kohlevorräte auf der Erde sind riesig, sie reichen noch für 1.000 Jahre.

Unabhängig davon sollten die veralteten deutschen Kohlekraftwerke auf den neuesten technischen Stand gebracht werden. Dann würde mehr elektrischer Strom aus weniger Kohle erzeugt, dann brauchte man weniger Energierohstoff, weniger Transportkapazität, man erzeugte weniger Abgase und weniger Schlacke. Der Strom würde billiger. Die dazu nötige Maßnahme ist die Umrüstung der Kraftwerke für eine höhere Dampftemperatur. Unsere Kraftwerke arbeiten, bis auf eine Ausnahme, mit Dampftemperaturen von 400 bis 450 °C, moderne Anlagen bei 650 °C. Die Temperaturdifferenz zwischen dem Eintritt des Dampfes in die Hochdruckturbine und dem Austritt aus der letzten Niederdruckturbine ist für den Wirkungsgrad der Anlage maßgebend. Man kann das mit einem Wasserfall vergleichen, bei dem auch die

Höhe maßgebend für die Kraft des Wassers ist. Technisch machen die hohen Temperaturen heute keine Probleme mehr. Die Max-Planck-Gesellschaft in Deutschland unterhält Metallforschungsinstitute, die in der Entwicklung neuer Hochtemperaturwerkstoffe weltweit führend sind. Die Ergebnisse sollten auch in Deutschland genutzt werden. Für die Umrüstung benötigt man eine neue Kesselanlage, Dampfleitungen und die entsprechenden Hochdruckturbinen. Der Wirkungsgrad könnte damit so weit gesteigert werden, dass bis zu 20 % des Energierohstoffs Kohle eingespart werden. Eine Investition, die sich lohnt.

4.3.   Erdgas

Gaskraftwerke sind ebenfalls besonders effektiv. Für eine Gasturbine mit angeschlossener Niederdruck-Dampfturbine kann mit einem Wirkungsgrad von 60 % gerechnet werden. Man braucht dafür allerdings große Mengen von Erdgas. Es ist zu untersuchen, ob dafür Erdgasvorkommen in Deutschland genutzt werden können. Erdgasvorkommen findet man in erster Linie in Verbindung mit Erdöl. Aber auch zusammen mit Kohlevorkommen gibt es Erdgas, das im Kohlebergbau zu den gefürchteten Schlagwettern führen kann. Erdgas kann auch in anderen Gesteinsschichten enthalten sein wie Sandstein, Kalkstein oder in besonderem Maß Schieferformationen. In Deutschland wird das nicht genutzt, man hat lediglich einige Probebohrungen niedergebracht.

In Nordamerika wird Schiefergas, ein „unkonventionelles Erdgas", an verschiedenen Stellen gefördert und in das Erdgasnetz eingespeist. Die Ergebnisse sind so günstig, dass damit gerechnet wird, eines Tages von der Einfuhr von Erdgas aus arabischen Ländern unabhängig zu sein.

Abb. 11: Gasturbine

Neu und unkonventionell ist die Fördertechnik. Schieferformationen sind meist nicht sehr mächtig, nur einige 10 m, dafür weit ausgedehnt, und liegen meist unter hartem, undurchlässigem Gestein. Auch Lagerstätten unter undurchlässigen Tonschichten sind bekannt. Horizontal können sich die Lagerstätten von Schiefergas über 10 km erstrecken. Um das Gas zu lösen, muss das Schiefergestein aufgesprengt werden. Zuerst wird eine Erschließungsbohrung vertikal bis zum Schiefer geführt, dann weiter sternförmig in verschiedene Richtungen horizontal. Man versucht damit, möglichst viel gashaltiges Gestein zu erreichen. In die zentrale Bohrung wird Wasser unter hohem Druck von bis zu 1.000 bar gepresst, womit das Gestein aufgesprengt und zugleich das Gas herausgedrückt wird. Es sammelt sich unter der den Schiefer überdeckenden Schicht an, und zwar bevorzugt an Stellen, wo diese naturgegeben Ausbuchtungen nach oben hat. Diese gilt es, herauszufinden für eine weitere vertikale Bohrung, durch die das Gas an die Oberfläche gelangen kann. Auf die erheblichen technischen Schwierigkeiten soll hier nicht eingegangen werden. Probebohrungen in Deutschland haben schon zu Widerstand bei den Anwohnern geführt. Man hat Angst vor dem Unbekannten. Aufklärung ist nötig. Aus den Erkenntnissen in USA zu schließen, muss es auch in Deutschland stattliche Mengen von Schiefergas geben. Man weiß nur noch nicht, wo.

Wenn man über die Grenzen unseres Landes hinausblickt, findet man eine bisher noch ungenutzte Möglichkeit zur Energiegewinnung, den Abbau der Methanhydrate. Bei der Suche nach Erdöl unter dem Meeresboden ist man an zahlreichen Stellen auf Methanhydrate gestoßen. Sie bilden hartes Gestein einige 100 m unter dem Meeresboden. Die Frage, wie man sie abbauen könnte, ist noch nicht beantwortet. Aber sie wird eines Tages beantwortet werden. Der Vorrat an Methan ist gewaltig, man schätzt, dass die Methanhydrate überhaupt die größte Menge von Kohlenstoff auf der Erde enthalten. Bekannt sind Lagerstätten vor der norwegischen Küste und im Permafrostboden Sibiriens.

4.4. Fusionsreaktor

Aber nun zurück nach Deutschland. Der Vorschlag, die Wasserkraft weiter auszubauen, ist realitätsfern. Die Wasserkraft ist in Deutschland bereits weitgehend ausgebaut, und an den Stellen, wo noch etwas zu gewinnen wäre, wird es zu Protesten der Naturschützer kommen.

Es gibt eine Energiequelle, für die es sich lohnt, jede Anstrengung zu unternehmen, um sie zu nutzen. Sie ist umweltfreundlich, grenzenlos verfügbar, hinterlässt keine Abfallprodukte und sendet keine radioaktiven Strahlen aus. Mit einem Wort: Es ist die ideale Energiequelle der Zukunft. Es gibt nur eine Schwierigkeit: Es ist schwer, an sie heranzukommen. Auf diese Zukunft wird man noch 40 bis 50 Jahre warten müssen.

Es ist die Fusionsenergie, aus der die Sonne ihre gewaltige Strahlkraft bezieht, und die aus der Verschmelzung von Atomen kommt. In der Sonne wird Wasserstoff in Helium umgewandelt. Helium ist ein Edelgas, es nimmt unter den Gasen den gleichen Platz ein wie Gold unter den Metallen. Es ist völlig ungiftig, geht keine Verbindungen mit anderen Stoffen ein, ist nicht brennbar, es ist leichter als Luft und entweicht deshalb aus der Atmosphäre.

Einstein hat gezeigt, dass in jeder Masse riesige Mengen von Energie stecken. Den Weg, diese zu gewinnen, zeigt die Physik. Wenn man Atome miteinander verschmilzt, dann ist die Masse dieses neuen Atoms ein wenig geringer als die Summe der Masse der ursprünglichen Atome. Bei der Verschmelzung erscheint diese Differenz, der sogenannte Massendefekt, als Energie, und nach Einstein ist das eine ganze Menge. Das Zusammenschmelzen macht allerdings Schwierigkeiten. Die beiden Atomkerne, die verschmolzen werden sollen, sind beide positiv elektrisch geladen und stoßen sich bei Annäherung mit gewaltiger Kraft ab. Diese gilt es zu überwinden. Im Inneren der Sonne, wo die Fusion funktioniert, sind die Kräfte vorhanden. Der Druck ist unvorstellbar groß, und die Temperatur beträgt dort 10 Millionen Grad Celsius. Der Druck ist auf der Erde nicht herstellbar.

Man muss hier andere Mittel anwenden. So könnte man die Temperatur auf das Zehnfache, auf 100 Millionen Grad erhöhen. Was zunächst undenkbar erscheint, ist möglich. Es ist eine Tragik der Menschheitsgeschichte, dass die Energiegewinnung aus der Fusion zunächst eine militärische Anwendung gefunden hat, in der Wasserstoffbombe. Durch den gleichzeitigen Einsatz von zwei „normalen" Atombomben lassen sich Temperaturen von mehr als 100 Millionen °C erzeugen. Das genügt zur Zündung des Fusionsvorgangs. Für eine friedliche Nutzung wird ein anderer Weg beschritten. In einem ringförmigen Teilchenbeschleuniger werden Elementarteilchen, also Teilchen, aus denen ein Atomkern besteht, auf eine Geschwindigkeit gebracht, die schon nahe an der Lichtgeschwindigkeit liegt. Eine Gruppe von Teilchen wird dabei in der einen Drehrichtung im Ring beschleunigt, eine andere in der entgegengesetzten. Da es für die Teilchen keine Verkehrsordnung gibt, werden sie zusammenstoßen. Man hat berechnet, dass die Kraft bei dem Zusammenstoß so groß ist, dass eine Verschmelzung eintritt. Dazu braucht man einen Beschleuniger, den es noch nicht gibt, und der zur Zeit in Cadarache in Südfrankreich im Bau ist. Der vorhandene Beschleuniger bei Genf reicht nicht aus.

90

Abb. 12: Forschungsanlage CERN / Genf

Das Projekt ist so anspruchsvoll und kostspielig, dass Wissenschaftler aus der ganzen Welt und viele Länder sich daran beteiligen müssen. 600 Wissenschaftler und Ingenieure sind dafür tätig, ein Kostenrahmen von 10 Milliarden Euro ist vorgesehen. Das ist noch eine relativ bescheidene Summe, wenn man die Zahlen ansieht, mit denen die Regierungen umgehen. Der Aufwand würde sich lohnen. Man braucht nur ganz geringe Mengen von Wasserstoff, die zu Helium verschmolzen werden müssen. Eine Fusion ist kein radioaktiver Prozess, es entsteht keine gefährliche Strahlung. Zum Erfolg muss jede Anstrengung unternommen werden. An den Kosten darf dieses Projekt nicht scheitern.

4.5. Thorium-Hochtemperaturreaktor

Für die Zwischenzeit bis zum praktischen Einsatz des Fusionsreaktors gibt es genau gesehen nur eine Möglichkeit: Man muss auf die Kernenergie zurückkommen. Berücksichtigt man, dass weltweit 440 Kernkraftwerke in Betrieb sind, auch solche, die einen geringeren Sicherheitsstandard aufweisen als die deutschen, so kann die Schlussfolgerung nur lauten: Kernkraft ist akzeptabel. Aus den Unfällen muss aber gelernt werden. Wenn eine Brücke zusammenbricht oder ein Flugzeug abstürzt, so zieht man nicht den Schluss daraus, dass es keine Brücken und keine Flugzeuge mehr geben darf, sondern man sucht die Ursache und überlegt, was dagegen zu tun ist.

In Deutschland ist die Kernforschung gesetzlich verboten. Die beiden Kernforschungsinstitute in Jülich und Karlsruhe, die bahnbrechende Ergebnisse erzielt haben, wurden in normale Forschungsanstalten umgewandelt. Ein fataler Irrweg. Forschung kann man stilllegen und verbieten, Gedanken nicht. Man muss darüber nachdenken, was bei der Nutzung der Kernkraft noch verbessert werden kann. Die bis jetzt in Deutschland betriebenen Reaktoren auf Uranbasis stammen aus der Zeit des kalten Krieges, wo das in der Zerfallsreihe des Urans vorkommende Plutonium für die Herstellung einer riesigen Anzahl von Atombomben verwendet wurde. Das Arsenal würde ausreichen, um jedes menschliche Leben auf unserem Planeten zu zerstören. Bei einem Krieg mit Atomwaffen gibt es keinen Gewinner. Das sollte jedem verantwortlichen Politiker bewusst sein. Die Geschichte zeigt leider, dass darauf kein Verlass ist.

Druckwasserreaktoren haben, bezogen auf den Energierohstoff Uran, einen denkbar schlechten Wirkungsgrad. Sie sollten nach und nach durch Thorium-Hochtemperaturreaktoren ersetzt werden, die darin um ein Vielfaches besser liegen. Die Entwicklung dieses Reaktortyps ist eine großartige Leistung der deutschen Wissenschaft. Die Technik ist vorhanden und hat sich bewährt. Aber da es nichts gibt, was nicht noch verbessert werden kann, sollte man in dieser Richtung weiterarbeiten. Dazu muss das Verbot der Kernforschung aufgehoben werden. Die Wissenschaftler gibt es noch. Sie haben sich in der Zwischenzeit ihre Gedanken gemacht.

Für den Hochtemperaturreaktor ist der Energierohstoff Thorium weltweit in genügender Menge vorhanden. Man muss berücksichtigen, dass für den Betrieb dieses Reaktors nur sehr geringe Mengen von Thorium gebraucht werden. Das sind gleichzeitig Vorteile für die Sicherheit wie für die Endlagerung der abgebrannten Brennelemente. Zur Herstellung von Atombomben oder Wasserstoffbomben ist er nicht geeignet. Bis zur Inbetriebnahme neuer Thorium-Reaktoren sollten die vorhandenen Kernkraftwerke am Netz bleiben. Nicht Ideologie sichert unsere Zukunft, sondern Vernunft und Sachverstand.

4.6.   Psychologie der Energiewende

Die Energiewende hat noch einen anderen Aspekt. Sie ist ein Lehrstück für Psychologie.

Wie ist es möglich, dass gewisse Vorstellungen allgemeine Zustimmung finden, die ganz offensichtlich falsch sind? Jeder hat gelernt, dass Pflanzen nur gedeihen, wenn sie Kohlendioxid aufnehmen können. Allgemein wird aber CO_2 als schädlich, sogar als Giftgas, bezeichnet und muss deshalb vermieden werden. Natürlich kann man in einem Gärkeller, in dem sich Kohlendioxid angesammelt hat, ersticken, genauso, wie man im Wasser ertrinken kann. Trotzdem sind beide Stoffe notwendig für das Leben. Mineralwasser enthält Kohlendioxid, in Heilbädern findet es in Trinkkuren oder in Bädern Anwendung.

Allgemein, besonders von Seiten der Politik, wird verbreitet, dass es klimaschädlich sei. Das wird permanent wiederholt und geglaubt, obwohl leicht einzusehen ist, dass das nicht stimmen kann. Bei jeder Installation von Solardächern wird ausgerechnet, wie viel CO_2 damit wieder eingespart wird. Dabei wird nicht gesagt, dass zur Herstellung viel Strom gebraucht wird, erzeugt in kostengünstig arbeitenden Kohlekraftwerken in Indien oder China. Es dauert viele Jahre, bis die dadurch erzeugte Menge von CO_2 wieder eingespart wird. Wie konnte es nur zu dieser Kohlendioxid-Hysterie kommen?

Der erste Ansatzpunkt ist die immer und bei allen Gelegenheiten wiederholte Feststellung der Regierung, CO_2 muss vermieden werden. Keine Partei, kein Regierungsvertreter hat den Mut, eine andere Meinung zu äußern. Das könnte ja dem Ansehen schaden. Jemand, der sich anders äußert, würde in Ungnade fallen. Das geht bis zu Verwarnungen von oben.

In mancher Hinsicht ähnelt die heutige Situation der vom Jahr 1616. Die damalige höchste Autorität, der Papst, hatte eine Meinung festgelegt, und jeder, der etwas anderes behauptete, wurde bestraft. Der berühmte Gelehrte Galileo Galilei bekam Berufsverbot, weil er behauptete, nicht die Sonne bewegt sich um die Erde, sondern umgekehrt die Erde bewegt sich um die Sonne. Das widersprach der Ansicht, dass die Erde im Mittelpunkt des Weltalls steht. Galilei hielt sich nicht an das Verbot, lehrte weiter und kam deshalb einige Jahre später ins Gefängnis.

Heute wird niemand mehr eingesperrt, wenn er eine andere Meinung über das CO_2 vertritt, aber er wird mundtot gemacht. Wir leben in einer Informationsgesellschaft, jeder kann sich über alles informieren, was er wissen will, aber er wird Schwierigkeiten haben, andere Informationen zu finden als die offiziell verbreiteten.

Es geht letzten Endes um Einfluss und politische Macht. Ein seit dem Altertum bewährtes Mittel ist, ein Feindbild aufzubauen, etwas Böses zu etablieren, was bekämpft werden muss. Die in den letzten 100 Jahren festgestellte Erderwärmung wird als das Böse bezeichnet und die Zunahme des Kohlendioxidgehalts der Luft als Grund dafür angegeben. Man fragt gar nicht danach, was Ursache und was Wirkung ist, man ignoriert, dass es in den letzten 2.000 Jahren schon mehrfach Warm- und Kaltzeiten gegeben hat. Man verschweigt, dass Kaltzeiten immer Zeiten von Hungersnot waren. Man muss nur oft genug behaupten, CO_2 sei an allem schuld und lässt eine andere Meinung erst gar nicht aufkommen. So können politische Machtstrukturen aufgebaut werden. Ein Erfolg moderner Psychologie!

Mit der CO_2-Hysterie können auch wirtschaftliche Interessen verknüpft werden. Zu diesem Zweck wurde der Emissionshandel geschaffen. Wer viel CO_2 in die Luft entlässt, muss dafür Emissionsrechte kaufen. Das Geld geht an die, die wenig CO_2 ausstoßen. Sie verkaufen damit Emissionsrechte. CO_2 wird also damit überhaupt nicht eingespart. Da es keinen Kontrollmechanismus gibt, ob die Angaben über CO_2-Ausstoß und eventuelle Senkungen auch stimmen, sind dem Betrug Tür und Tor geöffnet. Das wird genutzt, um Geld zu machen. Auch diese Gruppen haben Interesse daran, dass das Feindbild CO_2 bestehen bleibt. Das Mittel, das sich zur Meinungsbildung am besten bewährt hat, ist Angst zu erzeugen. Man muss Angst machen vor einer Klimakatastrophe, bei der selbst die unsinnigsten Behauptungen geglaubt werden. Ein Beispiel ist die Angst vor einem Anstieg des Meeresspiegels um bis zu 50 m, so dass dann Köln am Meeresstrand liegen würde. Dagegen muss man alles tun, das Klima muss gerettet werden, also auch keine Glühbirnen mehr verwenden, man muss sie verbieten. Angstmacherei ist besonders erfolgreich im Zusammenhang mit der Kernkraft.

Bismarck hat in seiner berühmten Rede vom 6. Februar 1888 vor dem Reichstag gesagt: „Wir Deutsche fürchten Gott, sonst nichts in der Welt." Heute muss man umgekehrt sagen: Wir Deutsche fürchten alles, nur Gottesfurcht kennen wir nicht mehr. Wir denken nicht daran, dass Gott den Menschen immer die Mittel in die Hand gegeben hat, die

96

sie benötigen, um die Probleme ihrer Zeit zu lösen, und die Kenntnisse, sie zu nutzen. Den Menschen der Eisenzeit das Eisen, uns im Industriezeitalter die nötigen Energierohstoffe. Es muss aber auch der richtige Gebrauch damit gemacht werden. Aus dem Eisen Pflugschare statt Schwerter, aus der Kernkraft keine Atombomben, sondern Kraftwerke.

Die Informationsquellen werden heute leider zur Ideologisierung gebraucht und nicht zu einer ausgewogenen Berichterstattung. Es ist damit eine neue Macht entstanden, die Macht der Manipulation. Nur so ist es zu verstehen, dass auch einer Richtungsumkehr kein Widerstand entgegengesetzt wird. Das Richtige von gestern kann heute falsch sein. Damit kann man nicht die Zukunft gestalten. Es ist zu hoffen, dass das Richtige von heute als das Falsche erkannt wird.

Es ist auch ein Naturgesetz, dass in der Mitte der Nacht der neue Tag beginnt. Eines hoffentlich nicht allzu fernen Tages werden die Abkehr von einer irrealen Ideologie und die Rückbesinnung auf Vernunft und Sachverstand erfolgen. Die vorliegende Schrift soll einen Beitrag dazu leisten, „den Zweifel in die Seele zu tragen", den Zweifel an Realität und Machbarkeit der Energiewende.

Abbildungsnachweis

Über den Autor

 Dr. Gustav Krüger (*1920) studierte in Berlin und Stuttgart Physik und promovierte 1951 am Max-Planck-Institut für Metallforschung in Stuttgart. Nach kurzer Tätigkeit im Zentrallabor der AEG wechselte er in die Uhrenindustrie der Schweiz, wo er als Vizedirektor eines industriellen Forschungsinstituts wirkte.

Nach seiner Rückkehr nach Deutschland 1962 baute er die Firma Feinmetall im baden-württembergischen Herrenberg als Zulieferbetrieb für die Uhren- und Elektroindustrie auf. Ab 1970 verlagerte dieses Unternehmen seinen Schwerpunkt auf Prüftechnik für die Elektronik. In diesem Unternehmen wirkte Dr. Krüger bis zu seinem Ausscheiden 1990 als Geschäftsführer.

Neben einer Vielzahl wissenschaftlicher Veröffentlichungen erschienen aus seiner Feder die beiden Monographien „Uhren und Zeitmessung" (1977) und „Zwangsarbeiter" (2001) sowie „Energie – was jeder darüber wissen muss" (2008) und „Kernkraft-Kohle-Klima / Energiewende nachgefragt (2010).

Vom gleichen Autor ist erschienen:

Kernkraft – Kohle – Klima
Energiewende nachgefragt

ISBN 978-3-8391-8119-5, Paperback, 140 Seiten

Das Buch stellt eine ideale Ergänzung zu der vorliegenden Schrift dar. In der gleichen, leicht verständlichen Weise gibt Krüger einen Überblick über die ganze Reihe der nutzbaren Energiequellen. Ein eigenes Kapitel behandelt die Möglichkeiten und Grenzen der Elektromobilität.

www.buch-krueger.de